Der große Prinz und das Glück

Ein märchenhaftes Sachbuch

Impressum

© – 3. Aufl. 2015
Dr. Bernd Helge Fritsch
hompage: www.berndhelgefritsch.com
mail to: office@berndhelgefritsch.com

Cover- Zeichnung:
Bernd Fritsch

Gestaltung & Layout:
Bernd Fritsch und Evelyn Schmelzer

Cover Hintergrundbild:
Harry Schiffer

Grafiken im Buch:
Karin Wimmer

Herstellung und Verlag:
Books on Demand GmbH,
Norderstedt
ISBN 9783-8370-9697-2

Buch

Rund 80 Jahre nachdem Antoine de Saint-Exupéry, Schriftsteller und Flugpilot, dem „Kleinen Prinz" in einer afrikanischen Wüste begegnen durfte, erscheint wieder ein „Prinz" von einem anderen Stern auf unserer Erde. Es ist der „Große Prinz", der hier auf unserem Planeten das Leben und das Glück der Menschen studiert.

In diesem Buch wurden seine Erfahrungen und Erkenntnisse über das „Glücklich-Sein" niedergeschrieben.

Es ist ein Buch, das uns das „Wunder Leben" mit neuen Augen betrachten lässt.

Es ist ein Buch, das uns dem Geheimnis eines *„tiefen und anhaltenden Glücklich-Sein"* näher bringt.

Der Autor

Dr. Bernd Helge Fritsch war ursprünglich erfolgreicher Rechtsanwalt in Graz.

Vor rund drei Jahrzehnten hat er sich aus der Anwaltstätigkeit zurückgezogen und ist seither als Schriftsteller und spiritueller Lehrer tätig.

Er verbrachte viele Jahre auf Reisen vorwiegend in Asien und Südeuropa, lebte in buddhistischen und hinduistischen Klöstern, studierte und praktizierte Zen.

Insbesondere durch seine Bücher „Glücksbalance", „Das Kleinod des Shankara" und „Wu Wei" ist Bernd H. Fritsch für einen großen Leserkreis als inspirierender Buchautor bekannt geworden.

Inhaltsverzeichnis

Was bedeutet Glück?•14; Ist Glücklich-Sein erlernbar?•15; Sich öffnen für das Glück•17; Die Glückskette•18; Glück und seine Haltbarkeit•19; Veränderung - Teil des Glücks•20; Glück braucht Kontraste•21; Leid und Glück•21; Nützlich sein•22; Der kleine Prinz•23

Deine Entscheidung zum Glück oder Unglück•24; Gedanken und Gefühle•26; Jetzt oder nie!•28; Das Zauberwort •31; Beharrlichkeit•32; Dein innerer Dialog•34; Gedanken lenken•35; Gedanken schaffen Wirklichkeit•37; Achtsamkeit •38; Bewusst atmen•40

Sich voll einbringen•43; Achte mehr auf das „Wie" als auf das „Was"•45; Die Berufung erkennen•46; Jede Zelle leidet, wenn ihr nicht glücklich seid.•47; Selbstverwirklichung ein Egotrip?•48; Liebevoll „Nein" sagen•49; Verlorenes Glück•50; Lebe deine Wahrheit•52; Den richtigen Boden finden•54; Genügend Zeit haben•56

Träume leben•59; Wünsche•59; Lebensziele•61; Schnelles Glück oder Glück durch Tun•62; Einsicht oder Leid•64; Willensstärke•65; Hindernisse•66; Gefordert sein•67; Loslassen•68; Misserfolge•70

Immerwährendes Wachstum•72; Gute Intuition – Gute Entscheidungen•74; Die innere Stimme•76; Zeichen•78; Geheim-

Vorwort

Dieses Buch versucht das Mysterium des Glücks zu beleuchten und Anregungen für ein glückliches und erfülltes Leben zu geben. Soweit nichts Neues. Die märchenhaften Gestalten des „kleinen Prinzen", wie ihn Saint-Exupéry beschreibt und des „großen Prinzen", dem wir in diesem Buch begegnen, bringen zum Ausdruck, dass unser Erdenleben mit einer höheren Dimension verbunden ist.

Unser Verstand allein reicht niemals hin, die Wunder und Geheimnisse des endlosen Universums, unserer Mutter Erde und unseres scheinbar so kurzen und unbedeutenden Lebens zu enthüllen. Dasselbe gilt für das Glück. Allein die Tatsache, dass wir Glück empfinden dürfen, ist ein unfassbares Phänomen. Wir können dieses *„Glücklich-Sein"* weder anschauen, angreifen, messen, physikalisch oder chemisch analysieren und dennoch ist es da.

Letztlich vermag allein unser Herz, unsere Liebe und Hingabe, die unendliche Schönheit und Weisheit des Daseins zu ergreifen. Wie der Fuchs zum kleinen Prinzen sagt[*]:

> *„Hier ist mein Geheimnis. Es ist ganz einfach: Man sieht nur mit dem Herzen gut. Das Wesentliche ist für das Auge unsichtbar."*[1]

Wer will nicht glücklich sein? Angenehme Gefühle zu erlangen und unerfreuliche, schmerzvolle Gefühle zu vermeiden, ist die Motivation aller menschlichen Handlungen. Selbst wenn wir völlig „selbstlos" handeln, tun wir dies deshalb, weil wir uns dabei besser fühlen, als wenn wir liebevolles Tun unterlassen. Glücklich-Sein ist für alle Menschen das entscheidende Lebensthema überhaupt.

Wer glücklich ist, ist eine Freude für seine Umgebung, ist gesünder, lebt länger, arbeitet besser, ist kreativer, vermag mit mehr Hingabe zu lieben. Ich bin überzeugt, dass unsere wichtigste Herausforderung auf dieser Erde darin besteht: „immer umfassender,

----
[*] Alle Zitate betreffend „Der Kleine Prinz" von Antoine de Saint-Exupéry stammen aus dem gleichnamigen Buch der Verlags-AG Die Arche, Zürich - genaue Quellenangaben auf Seite 150 dieses Buches

tiefer und anhaltender glücklich zu sein". Wobei dies zweifellos ein lebenslanger Lernprozess ist.

Natürlich gibt es noch immer Leute, die das Streben nach Glück mit einem unnötigen Egotrip gleichsetzen. Doch mir gefallen dazu die Worte des Ludwig Macuse:

> *„Wer aber auf das Glücklich-Sein verzichtet, erfüllt sein Dasein nicht. Denn jeder ist, der Anlage nach: eine neue Variante des Glücks!"*

Vor zwei Fehlern will ich den Leser warnen, denn sie könnten sein Glück beeinträchtigen:

Erstens, hüte dich davor, dich klein zu machen, dich zu verurteilen, wenn du erkennst, dass du im Glücklich-Sein noch nicht vollendet bist, dass du Fehler machst, dass du noch einiges lernen kannst. *Niemand ist perfekt, doch jeder ist auf seine Weise vollkommen!*

Ausnahmslos jeder macht Fehler. Ausnahmslos jeder darf lebenslang lernen und sich entfalten. Entwicklung kennt kein Ende. Lerne dich zu lieben, wie du bist! Fehler machen zu dürfen, ist ein Geschenk der Freiheit. Betrachte Fehler nicht als Schande, sondern als Chance für Veränderung!

Zweitens, glaube kein Wort von dem, was du in diesem Buch „hören" wirst. Die folgenden Zeilen dienen nur dazu, dich anzuregen deine eigene Wahrheit zu finden. Nur die lässt dich umfassend glücklich sein. Wie der große indische Weisheitslehrer Jiddu Krishnamurti sagt: *„Folgst du dem Licht eines anderen, so gehst du in die Finsternis!"*

1. Der große Prinz

Wie der kleine Prinz erklärt, bedeutet Glück seinen ureigenen Stern zu finden. Lass mich dazu mit einer indiskreten Frage beginnen: Hast du schon deinen höchstpersönlichen Stern gefunden? Nein? Du weißt gar nicht, was das ist?

Jeder Mensch besitzt tief in seinem Herzen einen ureigenen Stern. Doch für viele Menschen ist dieser Stern verborgen und dadurch weit entfernt. Doch die Sterne leuchten, damit jeder seinen eigenen finden kann.

Davon spricht auch der kleine Prinz des Saint-Exupéry, doch davon erfährst du später mehr in dieser Schrift.

Ich bin überzeugt, dass wir in unserem Leben das magisch anziehen, wofür wir unser Herz geöffnet haben. So hatte ich in meinem Leben das große Glück mit einigen besonderen Weisheitslehrern zusammen zu kommen. Vielleicht wollte das Schicksal das so, weil ich seit meiner Jugend eine unbändige Sehnsucht verspüre den Sinn des Lebens zu erkennen.

Vielleicht bin ich auch deshalb einigen großartigen Menschen begegnet und durfte von ihnen lernen, weil ich Freude am Schreiben habe und gerne das, was ich selbst erfahren durfte, in meinen Büchern weitergebe.

Wir nehmen das wahr und begegnen dem, was wir durch unsere Aufmerksamkeit, unser Interesse und unsere „Wellenlänge" bereit sind zu empfangen. Deswegen entsprechen auch unsere Lebensumstände stets unserem Denken, unserem Glauben, unserem seelischen Entwicklungsstand. In diesem Sinn ist die Welt, die wir rings um uns wahrnehmen, tatsächlich ein Spiegel unseres Innenlebens.

Viele Jahrzehnte hindurch begleitet mich die Frage: *„Wie können wir tiefes, anhaltendes Glück erfahren?"*

Wie für den griechischen Philosophen Epikur, ist auch für mich das Denken im Dienste des Glücks, die wichtigste Angelegenheit des Daseins. Ich hätte kein Problem damit, wenn mich jemand als „süchtig" nach den Geheimnissen des Glücks bezeichnen würde. Schließlich streben alle Menschen - bewusst oder unbewusst - nach etwas, das sie gelegentlich tief in ihrer Seele bereits erfühlt haben, nach Schönheit, Liebe, Freude und Geborgenheit.

Auf Grund meiner Leidenschaft die Rätsel des Glücks zu erforschen, habe ich sogar meine sehr erfolgreiche Tätigkeit als Rechtsanwalt beendet und bin vor rund 20 Jahren in die weite Welt aufgebrochen um zu studieren, wo sich das Glück findet.

Alle wollen glücklich sein! Doch die wenigsten machen sich dieses Bedürfnis bewusst und entscheiden sich eindeutig und in aller Klarheit dieses Ziel umzusetzen. Doch wie auch der „kleine Prinz" des *Saint-Exupéry* sagt:

> *„Die Leute schieben sich in die Schnellzüge, aber sie wissen gar nicht wohin sie fahren wollen. Nachher regen sie sich auf und drehen sich im Kreis..."* [2]

Die Schnellzüge fahren manchmal nach Orten mit Namen wie „Wohlstand", „Ruhm", „große Liebe". Doch nach oft langer Fahrt dürfen die Reisenden erkennen, dass alle Bahnstationen, und seien sie noch so anziehend, nicht das ersehnte Glück bringen.

Es stimmt zwar, dass Reichtum das Unglücklich-Sein etwas angenehmer macht; und dass berühmt, beliebt und geliebt zu sein, unserem kleinen Ich sehr schmeichelt. Doch Reichtum, Erfolg, Ruhm und sogar die „große Liebe" stellen sich auf Dauer als unbrauchbar heraus um aus einem wenig glücklichen Menschen einen anderen zu machen.

Die Frage stellt sich, gibt es überhaupt sinnvolle „Regeln" für das Glück? Können wir lernen umfassend glücklich zu sein und dies auch anhaltend bleiben? Oder *ist Glücklich-Sein eine reine Glücksache?*

Wenn Glücklich-Sein erlernbar ist, so ist es erstaunlich, dass die meisten Menschen darüber weder im Elternhaus noch in der Schule zielklar unterrichtet wurden. So wissen die wenigsten Menschen über die Prinzipien des Glückes Bescheid.

Genau genommen waren all die großen „Religionsstifter" wie Moses, Jesus, Buddha, Mohamed in erster Linie Glücksforscher und wollten die Menschen zum Glück führen. Sie nannten das Glück das „Reich Gottes", das „Paradies auf Erden" oder „Erleuchtung". Leider haben sich ihre Nachfolger oft weit von der Glücks-Mission entfernt und haben die Religion als Mittel zur Macht, als Privileg für die Anhänger, als Vorwand für Abgrenzung und Streit missbraucht.

Aber zurück zu dem, was ich eigentlich berichten möchte. Dieses Buch erzählt die „Geschichte vom großen Prinzen". Natürlich wird bei diesem Titel mancher Leser sofort an die wunderbare Erzählung des *„kleinen Prinzen"* von *Saint-Exupéry* erinnert. Nun, trotz gewisser Ähnlichkeiten handelt es sich beim *„großen Prinzen"* um eine andere und doch nicht ganz andere Geschichte, wie der Leser bald erfahren wird. Auch sind sich der große und der kleine Prinz schon einmal begegnet. Aber davon später.

Der große Prinz kommt ebenso wie der „kleine Prinz" von einem anderen Stern. Wie er mir erzählte, gilt er in seiner Heimat, auf seinem Stern mit dem Namen „Joya" (Glücksstern – wie engl. joy = Glück), tatsächlich als ein „Prinz". Er ist also ein ganz besonderes Wesen von wunderbarer und edelherziger Abstammung. Allerdings – und das soll seinen Wert nicht schmälern – gelten alle auf diesem Stern lebenden „Menschen", als Prinzessinnen und Prinzen.

Alle fühlen sich auf Joya wie Königskinder. Der große Prinz meint sogar, dass auch alle Menschenkinder eigentlich Prinzessinnen und Prinzen und somit königlich sind. Doch leider wissen das die wenigsten und so fällt es ihnen schwer ihr Königsdasein auch zu leben.

Die Joyaner haben eine ganz andere Gestalt als wir Menschen auf dem Planet Erde. Ihre Gestalt konnte mir der große Prinz nicht richtig erklären, weil es auf unserer Erde nichts Vergleichbares gibt. Am ehesten gleichen diese Wesen den Elfen, wie wir sie aus Märchenerzählungen kennen. Sie haben nicht so einen dichten Körper wie wir, sondern ihre Gestalt ist sehr fein, fast durchsichtig. Die Farbe ihres Körpers wechselt laufend, entsprechend dem, was diese Prinzen gerade denken und fühlen. Es sind wunderbar zarte, zum Teil ineinander fließende Farben, ähnlich wie wir sie von den Farben der Wolken und des Himmels bei besonderen Morgen- oder Abendstimmungen kennen. Sie reichen von zartem türkisblau bis zu rosa, orange, lila und dunkelrot. Zugleich sind diese Farben sehr transparent, in etwa wie die Farben eines Regenbogens.

Diese Prinzen sind nicht so erdverbunden wie wir Menschen, sondern können durch den Raum schweben, wobei sie keine Flügel benötigen. Es genügt, wenn sie sich vorstellen, wohin sie fliegen wollen und schon gleiten sie in diese Richtung.

In seiner Heimat ist der große Prinz so etwas wie ein Naturforscher. Sein Spezialgebiet ist die Erforschung des Lebens der Menschen auf der Erde. Die Joyaner befinden sich offenbar auf einer anderen Bewusstseinsstufe als wir Menschen. Ich will sie nicht als höher oder besser als unsere bewerten. Doch es kann sein, dass wir von ihrer Andersartigkeit manches lernen oder übernehmen könnten. So spannend und interessant wie für uns das Leben auf Joya ist, so sehr sind die Prinzen fasziniert von dem, was sie auf unserer Erde vorfinden, wie die Menschen hier leben, denken und fühlen.

Der Stern Joya befindet sich weit, weit von unserem Sonnensystem entfernt irgendwo in einer der vielen Galaxien, die es im unendlich großen Weltall gibt.

An der Universität, an der auch der große Prinz arbeitet, haben die Prinzen besondere Vorrichtungen um uns Menschen ebenso nahe beobachten zu können, wie wir beispielsweise mit der Hilfe von Spezialvorrichtungen und besonderen Filmkameras das Leben der Ameisen unter der Erde oder in einem Ameisenhügel aufnehmen und sodann betrachten können.

Bei ihren Forschungen auf dem Stern Joya sind die Wissenschaftler nach ihrer Meinung zu sensationellen, fast unglaublichen Ergebnissen gekommen, wie die Menschen auf der Erde denken und fühlen. Insbesondere wurde festgestellt, dass die Menschen sehr viele Ängste haben, sich über unfassbar belanglose Dinge Sorgen machen, sich streiten und bekriegen und insgesamt wenig glücklich sind.

Der große Prinz wurde vor circa sieben Jahren (nach unserer Zeitrechnung – die Prinzen selbst haben einen ganz anderen Zeitbegriff als wir) auf die Erde geschickt, um hier die Forschungsergebnisse, die von Joya aus erzielt wurden, an Ort und Stelle zu überprüfen und zu ergänzen. Für die Joyaner bedeutet es keine besondere Schwierigkeit sich auf irgendeinen anderen Stern im Universum zu beamen.

Um hier auf der Erde mit den Menschen in Kontakt zu treten hat der große Prinz - quasi zur Tarnung - menschliche Gestalt angenommen, wobei er sich entschloss ungefähr so hoch gewachsen zu sein, wie der 2,13 Meter große deutsche Basketballstar Dirk Nowitzki. Er dachte sich nämlich, dass er so einen bessern Überblick bei seinen Beobachtungen haben könnte. Er ist zwar mit seiner Körpergröße eine auffällige Erscheinung, doch wenn man ihm begegnet, erkennt man nicht, dass er ein Außerirdischer ist. Von seinem Mittelscheitel fällt glattes, dichtes, dunkelbraun glänzendes Haar bis zu seinen Schultern. Sein Gesicht hat eine leicht bronzefarbene Tönung. Unter dunklen Augenbrauen blicken neugierig zwei blassblaue Augen hervor, die an die staunenden Augen eines Huskie erinnern. Meist gut gelaunt, huscht immer wieder ein spitzbübisches Lächeln über seine Lippen.

Bekleidet mit Jeans, Jeanshemd, einer in bunten Farben leuchtenden Krawatte und weißen Sportschuhen wirkte er wie ein Student, der unbeschwert seine Uni-Zeit zu genießen versteht.

Ich traf den großen Prinzen „zufällig" (der Prinz meint, es gibt keine „Zufälle", weil alles im Universum bestimmten Gesetzen folgt) erstmals in der Sportabteilung eines großen Kaufhauses. Er hatte nämlich Schwierigkeiten für seine Fußgröße entsprechende Schuhe zu bekommen. So dachte er, dass er vielleicht bei den Sportschuhen für Basketballspieler passende Schuhe finden würde, weil es ja viele sehr große Basketballspieler gibt. Da ich selbst gerade dabei war mir im selben Kaufhaus neue Basketballschuhe zu kaufen, stießen wir vor einem Schuhregal fast zusammen und kamen auf diese Weise rasch in ein Gespräch. Die „Chemie" zwischen uns beiden stimmte sofort. Sein Interesse war die Kultur, das Denken und Fühlen der Menschen auf dieser Erde zu erforschen und ich erkannte rasch, dass ich wieder einmal einer Persönlichkeit begegnen durfte, mit der ich mich wunderbar über mein Lieblingsthema: *„Glücklich-Sein und erfolgreich leben"* austauschen kann. So entwickelte sich eine Freundschaft, die mich reich beschenkte.

Der große Prinz erzählte mir viel über seine Beobachtungen und Forschungsergebnisse in Sachen „Erdenmensch" und auch einiges darüber, wie die Prinzen auf Joya leben, denken und fühlen. Die Essenz der Gespräche wurde in diesem Buch in möglichst einfacher und kurz gefasster Form niedergeschrieben.

2. Was ist Glück?

In der Natur der Dinge gibt es nichts Zufälliges, sondern alles ist aus der Notwendigkeit der göttlichen Natur bestimmt, auf gewisse Weise zu existieren und zu wirken.

Baruch de Spinoza (1632 -1677)

Was bedeutet Glück?

Bernd Helge:

Die meisten Menschen haben sehr diffuse Vorstellungen darüber was „Glück" bedeutet. Wie meinst du kann man das menschliche Glück beschreiben?

Großer Prinz:

Von *„Glück haben"* sprecht ihr, wenn euch ein oder mehrere günstige „Zufälle" treffen. Hingegen bedeutet für euch *„Glücklich-Sein"* sich in einem zufriedenen, freudigen Zustand zu befinden.

Interessant ist der Zusammenhang zwischen „Glück haben" und „Glücklich-Sein". *Nicht glückliche Zufälle bewirken Glücklich-Sein* - wie viele denken - *sondern Glücklich-Sein bewirkt glückliche Zufälle!* Es werden in diesem Fall Ursache und Wirkung verwechselt. Glückliche Menschen ziehen „gute Zufälle" ebenso an, wie unglückliche Menschen vom Pech verfolgt werden.

Dazu kommt, dass glückliche Menschen äußere Ereignisse ganz anders beurteilen als diejenigen mit einer negativen Lebenseinstellung. Glückliche Menschen können die Geschenke und Schönheiten des Lebens viel besser erkennen und befinden sich daher in einer „anderen Welt" als Pessimisten.

Glücklich-Sein bedeutet gute Gefühle zu haben. Dabei gibt es natürlich eine unendliche Auswahl an solchen Gefühlen, beginnend bei ruhigen, besinnlichen, zarten bis hin zu leidenschaftlichen, rauschhaften, überwältigenden. Mit jeder Lebenssituation, mit jeder Stimmung können andere Glücksgefühle verbunden sein.

Grundsätzlich glückliche Menschen sind vergleichbar mit Musikliebhabern. Ein begeisterter Musikfreund wird mit guter Musik immer Freude haben. Er trägt Musik als Grundstimmung seiner Seele ständig mit sich. Beim Hören oder Spielen von Musik empfindet er unendliche Varianten von angenehmen bis wunderbaren oder tief bewegenden Gefühlen. Wer hingegen Musik nicht leiden kann, der empfindet sie als unangenehmes, lästiges Geräusch.

Ein *„fortschrittlicher Glücksmensch"* befindet sich überwiegend in einer glücklichen Grundstimmung. Er ist immer empfangsbereit für schöne Gefühle aller Art. Selbst wenn er einmal traurig ist, wenn er unangenehme oder leidvolle Erfahrungen macht, verliert er dabei nicht die Verbindung zu seinem Innersten, zu Liebe, Schönheit und Vertrauen.

Ist Glücklich-Sein erlernbar?

Bernd Helge:

Ist Glücklich-Sein erlernbar oder ist es eine Frage der Veranlagung oder der Kindheitsprägungen, ob jemand eher zum Fröhlichsein oder zu Pessimismus neigt?

Großer Prinz:

Glücklich zu sein ist eine hohe Kunst. Und wie jeder Maler seinen besonderen Stil hat, so lebt und empfindet jeder Glück auf seine besondere Weise.

Die Begabung zum Glücklich-Sein ist jedem Menschen in die Wiege gelegt. Um allerdings ein großer Künstler zu werden ist neben Begabung auch Fleiß erforderlich. Veranlagung und Erziehung spielen sicher eine wesentliche Rolle für eure Denk- und Lebensgewohnheiten. Gewiss können Eltern die Glücksfähigkeit ihrer Kinder fördern oder behindern. Doch ihr solltet nicht glauben, dass eure

Eltern „Schuld" tragen an eurem Unglücklich-Sein. Vergesst eure Opferrolle! Wie *Jean-Paul Sartre* sagt:

> *„Man ist nicht das, was die Eltern aus einem gemacht haben, sondern das, was man aus dem macht, was die Eltern aus einem gemacht haben!"*

Jeder Erwachsene kann an seiner Glücksempfänglichkeit arbeiten, kann seine anerzogenen Gewohnheiten formen und abändern. So sehr Jammern und Selbstmitleid das Unglück verstärken, so sicher führt aktive, selbstbewusste Veränderung zum Glück.

Viele sind der Ansicht, dass äußere Umstände darüber entscheiden, ob sie mehr oder weniger glücklich sein dürfen oder unglücklich sein müssen. Sie glauben, Glücksgefühle kommen und gehen wie das Wetter: Nach Sonnenschein kommt Regen und umgekehrt. „Und außerdem wird das Wetter immer schlechter!" Sie sind der Meinung, dass sie keinen Einfluss darauf haben, ob sie ein glückliches Leben führen oder nicht. Diese Überzeugung hat allerdings fatale Konsequenzen. Denn die Folge ist, dass sich diese Leute hilflos fühlen, zu Depressionen neigen und keine Energie haben um ihr Glück selbst zu steuern. Wer glaubt, sein Glück nicht bestimmen zu können, für den wird dieser Glaube traurige Wirklichkeit.

Es stimmt, dass Gefühle wie Liebesempfinden oder Freude nicht „gemacht" werden können. Glücksgefühle stammen aus der Ur-Essenz eures Seins. Es ist nicht notwendig, sie zu „machen". Doch Gefühle sind lenkbar und bestimmbar durch eure Gedanken. Wenn ihr also eure Gedanken beherrschen und lenken könnt, so könnt ihr auch über euer Glück bestimmen. Richtig denken im Sinne von „glücklich" denken ist sowohl machbar, als auch erlernbar.

Die menschliche Freiheit bedingt, dass ihr nicht glücklich sein *müsst*, doch ihr könnt es jederzeit. Das bestätigen alle großen Weisheitslehren.

Sich öffnen für das Glück

Bernd Helge:

Manche warten vergeblich ein Leben lang auf den Traumpartner, der sie glücklich machen wird, auf den Traumjob, auf eine große Erbschaft oder einen Lottogewinn oder gar auf die ultimative Befreiung durch irgendeinen Guru.

Großer Prinz:

Es sind niemals großartige Begebenheiten, die jemanden, der wenig glücklich ist, dauerhaft glücklich machen. Denn das Glücklich-Sein kommt nicht von außen. Die Fähigkeit zum Glück ist für jeden Menschen eine wunderbare Mitgift für sein ganzes Leben. Allerdings ist das persönliche Glücklich-Sein oft verschüttet durch Ängste, falsche Erwartungen, negative Denkmuster. Glücklich-Sein erlangt ihr schlicht und einfach dann, wenn ihr euch an diese Mitgift erinnert und euch für das stets vorhandene Glück öffnen könnt.

Ihr müsst nichts außerhalb von euch selbst erreichen, um glücklich zu werden. Das sollte euch Zuversicht geben. Weil das Glück kein Ding ist, lässt es sich auch nicht durch heftiges Bemühen erzwingen. Ganz im Gegenteil, *je mehr ihr einem äußeren Glück nachjagt, desto sicherer wird es euch entwischen.* Um Glück zu kämpfen macht unglücklich.

Ihr werdet hingegen rings um euch Glück finden, wenn ihr es versteht euren *„Glücksscheinwerfer"* einzuschalten. Dieser Scheinwerfer sendet ein Licht aus, welches die äußeren Dinge und Ereignisse plötzlich anders erscheinen lässt. Durch sein Licht könnt ihr Schönheit und Erfreuliches besser erkennen und selbst Leid und unerfreuliche Dinge versteht ihr besser einzuordnen.

Ihr dürft bei eurer Glückssuche bei euch selbst beginnen. Wer sich selbst, seine wahre Natur findet, der öffnet sich für anhaltende glückliche Gefühle.

Wenn ihr unglücklich seid, so liegt das Problem immer bei euch. Ihr vermeint unglücklich zu sein, weil euch dies oder jenes stört, beunruhigt oder verzweifeln lässt. Doch in Wirklichkeit machen diese äußeren Umstände nur sichtbar, dass ihr mit euch selbst nicht zurecht kommt.

Viele Menschen versäumen das kleine Glück, weil sie auf das große vergeblich warten!

Die Glückskette

Bernd Helge:
Erklär´ bitte genauer wie dieser Glücksscheinwerfer funktioniert!

Großer Prinz:
Anhaltend glückliche Menschen haben bei ihrer Arbeit, in ihrem Alltag stets Zeit und Achtsamkeit für die vielen kleinen Schönheiten, Geschenke und Wunder ringsum und sind dafür dankbar. Sie sind auch dankbar, dass sie Aufgaben haben und für andere *„nützlich"* sein können.

Glück ist eine endlose Reihe von kleinen und größeren Momenten der Freude. Diese gilt es mit dem Scheinwerfer zu erfassen. Der Schalter zum Glück ist eine Entscheidung. Darüber sprechen wir später etwas ausführlicher.

Anhaltendes Glücklich-Sein ist ähnlich einer bunten, schlichten und doch herrlichen *Halskette* bestehend aus lauter schönen Steinen mit Namen wie: Schönheit wahrnehmen, Geborgenheit fühlen, jemandem vertraut sein, ein Lächeln, eine freundliche Geste, getane Arbeit, Duft einer Blume, heller Sonnenstrahl, eilende Wolke, Regentropfen, Wasserpfütze, Herbstblatt im Wind ...

Natürlich haben auf dieser Kette auch große Edelsteine Platz. Sich über außergewöhnliche Ereignisse besonders zu freuen kann kein Fehler sein. Ab und zu ein großer Stein bedeutet eine nette Abwechslung zu den vielen kleinen Freuden. Allerdings haben auch die „wirklichen" Edelsteine nur den Wert, den ihr ihnen zubilligt und dieser Wert wird in der Regel maßlos überschätzt.

Jeder kann sofort über die *Glückskette* verfügen! Denn die Glückssteine liegen überall auf deinem Weg. Du brauchst sie nur beachten, aufheben, sie dir vertraut machen und sie in deine Kette einfügen. Und stell dir vor, diese Halskette hat kein Ende! Sie reicht von Tag zu Tag, von Mensch zu Mensch, von diesem Leben zum nächsten.

Die Energie des Glücksscheinwerfers kommt aus der Basis eures Seins. Es gibt eine allgemeine Essenz des Seins, sie wird auch Gott, Brahman, Jehova oder Allah genannt, und eine individuelle Essenz. Liebe, Freiheit, Schönheit, Freude, Geborgenheit, Kreativität mit diesen Worten kann man die allgemeine Essenz umschreiben. In individualisierter Art findet sie sich in jedem Menschen und Prinzen als Grundlage seines besonderen, einmaligen Seins.

Glück und seine Haltbarkeit

Glück ist nicht ein Ort, den es zu erreichen gilt, sondern eine ständige Herausforderung.

Bernd Helge:
Wenn jemand das Glück in sich gefunden hat, garantiert ihm dieser Fund Freude und Glück auf Lebenszeit?

Großer Prinz:
Glück ist kein Zustand, den man irgendwann einmal erreichen kann und der dann ewig anhält. *Glücklich-Sein ist ein dynamischer Prozess* und nicht ein Ding, das man einmal erwirbt und dann für immer festhalten kann. Alles auf dieser Welt unterliegt einem ständigen Wandel. Die Zeiten ändern sich, dein Umfeld verändert sich, du veränderst dich.
Du kannst dafür sorgen, dass dein Glücksscheinwerfer stets eingeschalten bleibt. Das heißt, dass du von einer freudigen Grundstimmung getragen bist und so überall schöne Glückssteine erblicken kannst.
Du kannst Glücksempfindungen nicht konservieren. Das Gefühl der ersten Verliebtheit kann nicht ewig anhalten. Wenn sie

nicht durch Vertrautheit, Hingabe, Verständnis abgelöst wird, so wird die Liebe ermatten.

Ebenso bedarf eure berufliche Tätigkeit stets neuer Impulse um nicht in Routine, Langeweile, Kleinlichkeit und Unfruchtbarkeit zu erstarren.

Veränderung - Teil des Glücks

Glücksgefühle und dein Glücksverständnis verändern sich fortlaufend. Glücklich-Sein ist eine ständige, großartige Herausforderung. Es benötigt viel Achtsamkeit, Lebendigkeit, Hingabe. Anhaltend glücklich sein kann nur derjenige, der immer bereit ist zu Veränderung und Wachstum. Denn *Alles was nicht wächst, sich nicht weiter entfaltet, das stirbt.*

Ihr neigt dazu, wenn ihr ein Glück gewonnen habt, euch darin häuslich einzurichten. Selbst wenn dieses Glück immer dürftiger wird, verharrt ihr lieber in ihm als zu neuen unbekannten Ufern aufzubrechen. *Viele ziehen das sichere Unglück einem neuen, gewagten Glück vor.*

Die Idee sich häuslich im Glück einzurichten ist nicht falsch. Doch folgenschwer ist die Erwartung, dass dieses Glück anhalten wird, ohne dass ihr ständig wachsam darauf achtet, was euer Glück erfordert.

Veränderung kann geübt werden. Beginnt mit Kleinigkeiten. Statt mit dem Auto fährst du gelegentlich mit dem Fahrrad oder der Straßenbahn zur Arbeit. Du begrüßt deine Arbeitskollegen einmal anders, zeigst Interesse an ihrem Leben. Du bringst deinem Partner öfter mal ein kleines Geschenk. Du versuchst wieder mal deinen Fokus auf die Schönheiten und Talente deines Partners zu lenken. Es gelingt dir öfter mal ein anerkennendes Wort auszusprechen. Du schenkst der Verkäuferin im Supermarkt ein freundliches Wort. Du überlegst dir, ob du weiter deine Freizeit so verwendest wie bisher, ob du mit denselben Menschen wie bisher zusammen sein willst. Wer gewöhnlich viel vor dem Fernseher sitzt, sollte vielleicht ein bisschen Joggen gehen oder einmal zu einem guten Buch greifen.

Glück braucht Kontraste

Bernd Helge:

Ein schlichtes Stück Brot wird zur Götterspeise, wenn wir lange gehungert haben, ein Becher mit Wasser zur höchsten Wonne, wenn uns starker Durst plagt. Wir brauchen Kontraste um Glück wahrzunehmen.

Großer Prinz:

Ein Paradies, in dem fortwährend die Sonne scheint, wo alles immer nur gut und schön ist, wäre die Hölle. Ein Schlaraffenland, in dem es keine Arbeit gibt, wo du ständig faul herumliegen kannst und wo die gebratenen Tauben zum Mund fliegen, wäre unerträglich. Und ein ständiges Leben im Himmel umgeben von frommen Heiligen und lieblichen Engeln, die nur süße Harfenmusik spielen, würde dich bald in den Selbstmord treiben.

Wie du richtig sagst, braucht das Leben Gegensätze. Je größer die Anstrengung, desto herrlicher empfindest du die Rast.

Das Glück bedarf der Abwechslung. Doch schon lauert die nächste Gefahr. Denn demjenigen, der rastlos von einem Programm zum nächsten eilt, fehlt der Kontrast der Entspannung, der Stille, des Bei-sich-Seins, des In-sich-Ruhens.

Leben bedeutet sich für die ganze Fülle des Daseins mit all ihren wunderbaren Möglichkeiten zu öffnen. Dann erst sind gute Voraussetzungen gegeben um intuitiv den eigenen Weg zu finden. So bekommt ihr ein feines Gespür für das, was im Augenblick richtig ist, wonach euer Körper und eure Seele wirklich verlangen.

Leid und Glück

Bernd Helge:

Der französische Autor und Philosoph Pascal Bruckner sagt, der Mensch leide darunter, dass er nur glücklich sein und nicht mehr leiden will. Dadurch werde er ebenso krank, wie derjenige, der ständig der perfekten Gesundheit nachjagt.

Großer Prinz:

Gewisses Leid und tiefes Glück schließen einander nicht aus.
Sie sind keine Widersprüche. Auch ein Mensch, der mit einer glücklichen Grundstimmung verbunden ist, wird dennoch gelegentlich
Trauer und Leid erfahren oder unangenehme Situationen ertragen
„dürfen". Das Leben ist, Gott sei Dank, keine eintönige, geradlinige
Autobahn. Ohne auf und ab, ohne Seiten- und Irrwege, ohne gele-
gentliche schmerzvolle Erfahrungen würde euer Dasein dramatisch
an Fülle und Schönheit verlieren.

Der *„fortgeschrittene Glücksmensch"* weiß allerdings mit Leid
gut umzugehen. Er wird nicht daran kleben bleiben. Er wird auch
niemandem Schuld zuweisen oder sich dauerhaft in Selbstmitleid
baden. Er wird auch schmerzvolle Erfahrungen mit einer gewissen
Dankbarkeit annehmen, das Beste daraus machen und so sein
Glückserleben letztlich wieder bereichern.

Nützlich sein

Glück kann man nur festhalten, wenn man es weitergibt!

Bernd Helge:

Glück und Egoismus haben keine Gemeinsamkeit. Sonst
wäre es nicht so, dass wir dann besonders glücklich sind, wenn wir
anderen etwas geben können, wenn wir anderen Freude bereiten.

Großer Prinz:

Ein sicheres Rezept zum Glück besteht darin, jeden Tag anderen etwas zu geben. Sei es mit deiner Arbeit, sei es durch Freund-
lichkeit, durch ein Lächeln, durch achtsames Zuhören … Wer jeden
Tag etwas gibt, sodass sich andere wohl fühlen, wird sich selbst am
wohlsten fühlen!

Saint-Exupéry hat uns einfühlsam geschildert, wie sich der
kleine Prinz an scheinbar unbedeutenden Dingen erfreuen kann
und wie es ihm gut tut für jemanden nützlich zu sein:

Der kleine Prinz besucht einen schrecklich reichen Geschäftsmann. Dieser will alle Sterne besitzen, dabei hat er leider keine Zeit,
um gelegentlich nur so herumzubummeln, was seiner Gesundheit
gar nicht gut tut. So muss er bedauerlicherweise unter Rheuma-
tismus leiden. Diesem Geschäftsmann erzählt der kleine Prinz von
seinem Glück nützlich zu sein. Er erzählt ihm von seinem Stern mit
seiner geliebten Blume, die er jeden Tag begießt und von seinen drei
Vulkanen, die er jede Woche zu kehren pflegt. Und er sagt zu ihm:

> *„Es ist gut für meine Vulkane und meine Blume, dass ich sie
> besitze. Aber du bist für die Sterne zu nichts nütze..."* [3]

Der kleine Prinz

Bernd Helge:
     Du hast mir erzählt, dass du vor einiger Zeit den kleinen Prin-
zen auf seinem Stern mit den drei Vulkanen und der besonderen
Blume besuchen durftest. Wie geht es ihm, ist er noch so klein wie
vor vielen Jahren als er und Exupéry sich in der Wüste begegneten?

Großer Prinz:
     Er ist noch immer ziemlich klein und hat noch immer gold-
blondes Haar. Und er wohnt noch immer auf seinem kleinen Stern.
Und noch immer treibt es ihn gelegentlich andere Planeten zu besuchen, um Neues zu erfahren, um Freunde zu finden und mit ihnen
vertraut zu werden. Er hat auch mir viele Fragen gestellt und, wie
es seiner Art entspricht, auf meine Fragen nicht gerne geantwortet.
Er hat sich seine natürliche Weisheit bewahrt und hat dennoch in
der Zwischenzeit viel gelernt. Vor allem ist er nicht mehr so schwer-
mütig und so schnell traurig, wie dies früher oft der Fall war. Und
er liebt noch immer die Sonnenuntergänge. Und auf seinem kleinen
Planeten kann er nach wie vor durch bloßes Verrücken seines Sessels
um einige Schritte den Sonnenuntergang immer wieder genießen.

3. Es ist deine Entscheidung!

Deine Entscheidung zum Glück oder Unglück

Bernd Helge:

Der „kleine Prinz" des Saint-Exupéry findet auf der Erde einen Garten voll von blühenden Rosen. Bislang hatte er angenommen er sei sehr reich durch seine „einmalige" Rose.

> *„Sie und meine drei Vulkane, die mir bis ans Knie reichen und von denen einer vielleicht für immer erloschen ist, das macht aus mir keinen sehr großen Prinzen ... Und er warf sich ins Gras und weinte."* [4]

Als er erkennt, wie klein sein Stern und seine Besitztümer sind, ist er nicht reicher oder ärmer als zuvor. Und dennoch hat sich in seinem Kopf etwas verändert: Ja, er hat sich plötzlich „entschieden" unglücklich zu sein.

Viele Menschen entscheiden sich im Laufe eines Tages immer wieder – natürlich unbewusst – unglücklich zu sein. Ich muss früh aufstehen und entscheide unglücklich zu sein. Es regnet, ich kann nicht Tennis spielen - daher meine Entscheidung: „So ein Mist!" (Das macht mich unglücklich!) Ich versäume die Straßenbahn - Entscheidung: unglücklich! Zuviel Arbeit – Entscheidung: unglücklich! Unbezahlte Rechnungen – Entscheidung: unglücklich! Jemand ist unfreundlich zu mir – Entscheidung: unglücklich! Und so fort...

Großer Prinz:

Jeder Mensch ist im Grunde seiner Seele tief glücklich. Der Urgrund seiner Seele besteht aus Schönheit, Glücksempfinden, Friede, Freiheit, Freude, Heiterkeit. Das ist die Essenz seines Daseins.

An deinen Beispielen kann man schön sehen, wie Unglück

entsteht. Zuerst eine Wahrnehmung, dann eine negative Wertung, dann der Reflex (die unbewusste Entscheidung) unglücklich zu sein. Diese Kettenreaktion ist bei vielen Menschen so prächtig vorprogrammiert, dass sie mit unglaublicher Geschwindigkeit abläuft und dafür sorgt, dass ihr euch ärgert, dass eure Harmonie, euer Wohlbefinden gestört ist und dass ihr eure Bestimmung glücklich zu sein verfehlt.

Unglücklich zu sein ist eine Krankheit. Diese Krankheit hat ihre Wurzel in einem tief eingeprägten Verhaltensmuster. Dieses Muster hängt zusammen mit eurer Grundeinstellung zum gegenwärtigen Augenblick. Ihr habt immer die Entscheidung zum „Jetzt", wie es ist, „Ja" oder „Nein" zu sagen. Sich innerlich aufzulehnen gegen das, was ist, sich zu ärgern, sich bemitleiden, anderen Schuld zuschieben ist einfach unsinnig. Was ist, das ist. Eure negative Einstellung, euer innerer Kampf gegen das, was ist, verändert gar nichts zum Positiven. Im Gegenteil, das was ihr mental bekämpft, erlangt dadurch für euch mehr an Kraft und Bedeutung.

Zugegeben es gibt Dinge, die nicht angenehm sind. Doch sie werden im Moment durch inneren Widerstand nicht besser. Ihr erreicht im Augenblick nur, dass ihr leidet und unglücklich seid. Unterscheide jedoch inneren Widerstand und äußeren Widerstand! Innerer Widerstand bedeutet Konflikt mit dir selbst. Doch das heißt nicht, du sollst alles still erdulden. Wenn dir etwas nicht gefällt, so verharre nicht im Schmerz, sondern unternimm etwas um eine Veränderung herbeizuführen.

Es ist niemals eine Situation, die dich unglücklich macht, sondern deine Einstellung zu ihr. Natürlich ist es kein Fehler, momentan etwas unglücklich zu sein. Es ist auch kein Fehler, sich gelegentlich ordentlich zu ärgern, in Wut zu geraten, seinen Frust einmal herauszuschreien. Wie die Psychologen erklären, ist es nicht gut, Ärger in sich hinein zu fressen.

Es ist keine Sünde bei Bedarf ordentlich zu fluchen. *Wer tief greifendes Glück erfahren will, braucht deshalb nicht ein „Heiliger" zu sein.* Es ist sogar klug sich vor Menschen, die gerne einen Heiligenschein tragen, in Acht zu nehmen.

Problematisch werden Angst, Wut, Ärger, wenn ihr nicht achtsam genug seid, sodass diese Gefühle euch überwältigen. Von negativen Emotionen könnt ihr euch am besten befreien, indem ihr lernt, diese zu beobachten. So lenkt ihr die Kraft von Zorn, Angst und Wut in die richtigen Bahnen. Durch Beobachtung gewinnt ihr Abstand. Ihr identifiert euch nicht mehr mit eurem Ärger, eurerAngst und anderen Emotionen. Ihr seid nicht mehr der, der sich ärgert oder ängstigt, sondern ihr werdet zum gelassenen, liebevollen Bobachter der „Spiele" eurer Gedanken und Gefühle.

Deine Gefühle sind immer auch Botschaften. Die Frage ist, wie du damit umgehst. Verharrst du im Gefühl des Unglücks oder sagst du dir: *„Ok, so ist die Situation. Das hat sicher seinen Sinn. Die Erfahrung brauche ich offenbar für meine Entwicklung. Ich will mich nicht bedauern! Ich will nicht Schuld zuweisen! Ich kann jetzt etwas lernen und ich kann etwas verändern. Was zu tun ist, werde ich tun!"* Bei diesen Sätzen kannst du förmlich spüren, wie sich in dir etwas verändert. Du wächst, du fühlst dich wohler, du bekommst mehr Energie, du wirst fähig dein Schicksal zu lenken.

Wenn ihr präsent genug seid, könnt ihr euch eure Essenz jederzeit bewusst machen und euch für Glück und Freude entscheiden. Sodann hindert euch niemand mit frischer Kraft daran zu gehen, das zu ändern, was zu ändern ist.

Gedanken und Gefühle

Bernd Helge:
Wenn ich das vergebliche Mühen vieler Menschen um tiefes, dauerhaftes Glück beobachte, so habe ich den Eindruck, dass es sich beim Glücklich-Sein um ein großes Geheimnis handeln muss, welches wir noch nicht enthüllen können.

Großer Prinz:
Jeder kann augenblicklich durch positive Gedanken glücklicher sein, so wie „ein" negativer Gedanke genügt um das Unglück herbei zu rufen.

Ihr könnt jederzeit etwas anderes denken. Denke jetzt an ein rotes Krokodil und jetzt an deinen letzten Urlaub. Denke an einen Menschen, der dir sehr nahe steht! - ich meine es ernst, denke „*jetzt*" wirklich daran, sonst funktioniert das Experiment nicht!!! Denke an ein bestimmtes Auto, dass dir gefällt, und jetzt denke an die Umweltverschmutzung! Denke an einen Konflikt, den du mit einem Menschen hast oder hattest. Denke an einen herrlichen Sonnenuntergang! Denke ganz allgemein an Freude und Wohlbehagen!

Je nachdem wie ernsthaft und intensiv du diese kleine Übung mitgemacht hast, konntest du sehen wie leicht Denken zustande kommt und gelenkt werden kann. Mit jedem dieser Gedanken waren andere Gefühle verbunden. Und du konntest erkennen wie deine Gedanken diese oder jene angenehmen und unangenehmen Gefühle mit sich bringen.

Es liegt zu einem Gutteil in deiner Macht, womit sich deine Gedanken beschäftigen, wohin du sie lenkst, ob du bei einem angenehmen oder unangenehmen Gedanken länger verweilst. So wie du bei einem Fernseher entscheiden kannst, welches Programm du anschaust, wie lange du es anschaust, ob du von einem Programm zum anderen zappst oder das Gerät überhaupt abschaltest, so kannst du auch mit deinen Gedanken umgehen.

Allerdings gibt es auch Menschen, die sich von einem Fernsehfilm nicht losreißen können, obwohl sie längst spüren, dass er ihnen nur unangenehme Gefühle verursacht. So geht es ihnen auch im täglichen Denken. Ihre Gedanken kreisen ständig um eine unerträgliche Sache – der böse Nachbar, Geldsorgen, Liebeskummer, Probleme am Arbeitsplatz – und dennoch können sie sich davon nicht befreien. Im Gegenteil: je mehr sie an das Problem denken, desto stärker graben sich diese Gedanken in ihre Gehirnbahnen ein und nehmen allen Platz im Gehirn für sich in Anspruch. Wie bei einer defekten Schallplatte fährt die Nadel des Plattenspielers immer im gleichen Kreis.

Gedankenbeherrschung ist eine Frage des Trainings und der Gewohnheit. Glücklich-Sein ist, wie schon gesagt, eine Kunst. Und hohes Können verlangt einen gewissen Fleiss. Die Glückskunst verlangt nicht harte Arbeit, sondern vorzüglich Achtsamkeit darauf, was du denkst und fühlst. Deine Gedanken und Gefühle werden so zu einem Wegweiser zu dir selbst. Auf diese Weise erlangst du immer mehr Bewusstheit und so werden sich für dich die Tore zu deiner Göttlichkeit und damit zu wahrem Glücklich-Sein öffnen.

> *Unser Leben wird ruiniert, weil wir es immer aufschieben zu leben. So sinken wir ins Grab, ohne unser Dasein recht gespürt zu haben.*
>
> *Epikur (341 - 271 v. Chr.)*

Jetzt oder nie!

Bernd Helge:
   Eine alte Geschichte:
   Einst wanderte ein Mensch aus der Stadt in die Gegend eines Fischerdorfes. Es war die Zeit, in der es im Meer draußen vor dem Fischerdorf viele Fischschwärme gab. Deshalb waren die meisten Fischer unterwegs um zu fischen. Der Stadtmensch kam bei einer Hütte vorbei, die etwas oberhalb des Dorfes gelegen war und einen wunderbaren Ausblick auf das Dorf, die Berge ringsum und auf das weite Meer gewährte. Vor dieser Hütte saß ein älterer Mann und blickte freundlich auf die Schönheit dieser Welt.
   Der Stadtmensch kam mit dem Mann vor der Hütte ins Gespräch. Als er erfuhr, dass dieser Fischer war, fragte er ihn, weshalb er sich nicht am Fischfang beteilige. Der Mann antwortete, dass er bereits genug Fische gefangen habe. Da meinte der Stadtmensch: Aber du könntest noch viel mehr Fische fangen!"
   Darauf sagte der Mann: „Ja, und dann?"
   „Wenn du viele Fische gefangen hast, kannst du dir ein zweites Fischerboot kaufen, einen Helfer besorgen und noch mehr Fische fangen!"
   Darauf der Mann: „Ja und dann?"
   „Wenn du so weiter machst, kannst du ziemlich wohlhabend werden!"

„Ja und dann?"
„Eines Tages könntest du deinen Reichtum genießen. Du könntest es dir gut gehen lassen, würdest nicht mehr arbeiten und glücklich sein!"
Darauf antwortete der Mann vor der Fischerhütte:
„Und was glaubst du, mache ich gerade jetzt?"

Diese Erzählung könnte eine Anregung bilden rechtzeitig mit dem Genuss des Lebens zu beginnen.

Großer Prinz:
Glücklich sein kann jeder nur hier und jetzt, niemals morgen, denn morgen kommt nie! Am nächsten Tag ist „morgen" noch immer morgen, außer du verwandelst endlich morgen in „Jetzt". Deshalb solltest du dein Glück niemals verschieben. Denk immer daran: *Dieses Leben ist endlich – lebe endlich!*
„Heute" ist der wichtigste Tag in deinem Leben! Lebe heute! Nur heute kannst du glücklich sein, den Tag feiern. Es ist der einzige Tag an dem du deinem Partner, deinen Kindern, deinen Freunden besondere Liebe schenken kannst. Heute ist der herrliche Tag, an dem du das, was du zu tun hast, mit Freude verrichtest, an dem du Energie und Heiterkeit ausstrahlst, an dem du etwas für deine Gesundheit tust, an dem du ein gutes Buch liest. Nur „Heute" ist der wunderbare Tag, an dem das Wunder des Lebens stattfindet.
Vor kurzer Zeit ist ein Erden-Freund von mir im Alter von 46 Jahren an Leukämie verstorben. Er hat dem rasch herannahenden Tod sehr mutig in die Augen gesehen. Doch er sagte mir: „Ich habe keine Angst vor dem Sterben, doch wenn ich gewusst hätte, wie bald mein Leben endet, so hätte ich sicher meine Tage besser genützt und intensiver gelebt!"

Viele Leute meinen, sie werden glücklich sein, wenn sie irgendein Ziel erreicht haben. Sie leben mit der Einstellung: „Ich werde glücklich sein, wenn...!" Zugleich programmieren sie sich unbewusst: „Jetzt kann ich noch nicht glücklich sein! Jetzt muss ich noch kämpfen, etwas leiden, durchhalten, aber dann...! Ich werde glücklich sein, wenn ich meinen Schulabschluss habe, wenn ich mein Haus gebaut habe, wenn ich den idealen Partner gefunden habe, wenn die Kinder erwachsen und selbsterhaltungsfähig sind, wenn ich den optimalen Job habe oder vielleicht dann, wenn ich endlich in Pension bin!"

Dass dieses Glücksprogramm keinen Erfolg hat, ist leicht erkennbar. Dennoch sind viele nicht zum sofortigen Glück bereit. Sie tragen vielleicht den Glauben in sich: „Erst wenn ich etwas geleistet habe, erst wenn ein ersehnter Umstand eingetreten ist, darf ich glücklich sein. Zuvor wäre das nicht stimmig, nicht gerecht, einfach unverdient."

Ihr könnt nur glücklich sein, wenn ihr bereit seid glücklich das Ziel zu erreichen. Wer meint, er kann erst dann glücklich sein, wenn er das Ziel erreicht hat, wird niemals Erfüllung finden. *Genieße den Weg und warte nicht auf ferne Früchte!*

Entscheide „jetzt" glücklich zu sein! Du musst das Glück nicht verdienen! Glücklich-Sein ist ein Recht und die schönste Aufgabe für jeden Menschen. Die Frage ist nur, ob du für das innere Glück empfangsbereit bist oder nicht.

Dieser Gedanke kann etwas in dir verändern. Öffne dich jetzt für die Schönheit dieses Augenblicks. Erlaube dir einfach nur entspannt gegenwärtig zu sein.

Es erfordert erhebliche Achtsamkeit im „Hier und Jetzt" zu leben. Lerne zu vergessen, was war, und sorge dich nicht um das, was sein wird. Glücklich-Sein funktioniert nur im „Jetzt"! Was gestern war und was morgen sein wird, behindert das, was heute sein kann. Nur wer gegenwärtig glücklich ist, verbindet sich mit dem pulsierenden Sein.

Das Zauberwort für das Glück lautet schlicht und einfach: *„Ich entscheide mich jetzt glücklich zu sein!"*

Ihr achtet nicht auf das Einzige, was ihr habt; diese Stunde, die ist. Als ob ihr Macht hättet über den morgigen Tag!

Epikur (341 - 271 v. Chr.)

Das Zauberwort

Bernd Helge:

Das Parole für die Öffnung zum Glück lautet also: *„Ich ent-scheide mich jetzt glücklich zu sein!"*

Ich denke mit dieser Formel wird so mancher Probleme haben. Dieser Satz hört sich ziemlich naiv und primitiv an. Das, worum alle Menschen ein Leben lang, meist mit wenig Erfolg, kämpfen, soll so einfach zu erreichen sein! Da sagt sich jeder: „Da kann doch was nicht stimmen! Das kann nicht wirken!"

Großer Prinz:

Jeder entscheidet über sein Glück. Nur mangelndes Vertrauen zu deinem Glück behindert es. Wer falsche Vorstellungen hat, wo das Glück sich findet, kann mit dieser Glücksformel nichts anfangen.

Wer unbefangen diese Formel anwendet, kann sofort eine Bes-serung seines Glücksniveaus bemerken. Lass dabei nicht locker! Es ist nur ein Satz, eine Entscheidung, ein Schritt notwendig. Deshalb wiederhole dir innerlich immer wieder die Worte: *„Ich entscheide jetzt glücklich zu sein!"* – Du kannst noch hinzufügen: *„Ganz egal, was ist oder kommen mag!"* Das ist der Stein der Weisen. So erreichst du das selbst herstellbare Gold, nach dem so viele Alchimisten vergeb-lich gesucht haben.

Es steht in eurer Bibel (1. Mose - 1/27) „Gott schuf den Men-schen zu seinem Ebenbilde ..." Das bedeutet in erster Linie: *„Ihr könnt selbst euer Schicksal und euer Glück bestimmen!"*

Den Weg zur Verwirklichung seiner Gottheit muss jeder selbst gehen. Sonst wäre der Mensch nur ein „Geschöpf" Gottes und nicht das „Ebenbild Gottes", also ein eigener Gott, ein kreativer „Schöpfer". Jeder muss die in ihm verborgene göttliche Weisheit und Glückse-ligkeit selbst verwirklichen. Deshalb hat Gott das Glück und den Schlüssel zum Glück dort versteckt, wo kaum ein Mensch auf die Idee kommt sie zu suchen: Denn das Glück schlummert in eurem Herzen und den Schlüssel dazu findet ihr in der Kraft eurer Gedanken!

Ich wiederhole die Zauberformel zum Glücklich-Sein:
Entscheide stets glücklich zu sein, mag da kommen, was will!
(Hilfsweise denk an das, was schön ist!) Es funktioniert mit Erfolgs-
garantie! (wenn nicht - bekommst du die Kosten dieses Buches von
mir persönlich rückerstattet - meine Adresse auf Joya kannst du
beim Verlag erfragen ☺).

Sag dir bloß immer wieder durch einen längeren Zeitraum
hindurch, sodass dieser Entschluss für dich zu einer Gewohnheit
wird: *„Ich entscheide jetzt glücklich zu sein!"* Wiederhole insbesondere in Situationen, in denen du dich üblicherweise ärgerst, die dich
stören, oder die dich freudlos machen, sofort die Zauberformel: „Ich
entscheide glücklich zu sein, da mag kommen, was will!"

Natürlich macht dich nicht diese Formel glücklich. Dein Glück
ist immer in dir. Sie hebt nur dein oben erwähntes negatives Denkmuster auf, welches deine Wohlgefühle behindert.

Die Menschen stehen zu sehr im Banne einer scheinbar alles
bestimmenden materiellen Welt. Die simple Entscheidung zum Glück,
zur Freude bedeutet einen höchst spirituellen Schritt. Sie bewirkt
eine Aufhellung eures Bewusstseins. Euer Glück löst sich aus der
Abhängigkeit von äußeren Umständen und findet zurück zu einem
Sein, jenseits vom Haben, jenseits der Form.

Beharrlichkeit

Bernd Helge:

Wie ich selbst erfahren durfte und wie mir viele Freunde, die
diese „Glücks-Entscheidung" anwenden, berichten, funktioniert
diese Selbstsuggestion bei zielstrebiger Anwendung in den ersten
Tagen und Wochen recht gut. Doch dann tritt häufig Gewöhnung
an diese „Medizin" ein und die alten, durch Jahrzehnte eingeübten
negativen Denkmuster und dunklen Gefühle nehmen wieder ihren
gewohnten Platz ein.

Großer Prinz:

Die erfolgreiche Nutzung der „Zauberformel" erfordert besonders in der Anfangsphase viel Achtsamkeit, Disziplin und ständige

Wiederholung. Ohne Fleiß kein Preis! – (Deutsches Sprichwort – stimmt nicht immer – ihr bekommt vom Leben jede Menge Gratisgeschenke!) – Wie du richtig sagst, stellen sich bei entschlossener Vorgangsweise rasch erstaunliche Erfolge ein. Doch tief ins Unterbewusstsein eingegrabene Denk-, Gefühls- und Verhaltensmuster lassen sich dauerhaft nur mit Beharrlichkeit auflösen.

Die kritische Phase tritt dann ein, wenn ihr nach anfänglichen Erfolgen wieder in euren gewohnten Trott zu verfallen droht. Es geht euch leicht so wie manchen Rauchern, die mal gut 14 Tage oder gar ein, zwei Monate mit dem Rauchen aufhören können und dann sehr gefährdet sind, rückfällig zu werden.

Es ist wichtig, dass ihr durch Wochen und Monate unerschütterlich dabei bleibt euer Gefühlsleben grundlegend und stabil zu verändern. Ihr werdet zu einem „neuen" Menschen, wenn ihr lernt, eure Gefühle wach zu beobachten und beim Hochkommen von unerfreulichen Schatten möglichst rasch wieder die richtige Entscheidung trefft.

Euer Glück ist, ihr könnt nicht zugleich glücklich und unglücklich sein. Du hast die Freiheit zu wählen. Mit der genannten Zauberformel triffst du die wichtigste und wirksamste Entscheidung für dein Leben.

Denk daran: *Jeder Tag ist zu kostbar um nicht glücklich zu sein!* Lebe jeden Tag so als wäre er der Beginn eines neuen Lebens und als wäre er zugleich dein letzter Tag. Warte auf keinen Tag um glücklich zu sein, um zu lieben, um das zu leben, was du bist, um deine Träume zu leben. Genieße die Gegenwart in aller Fülle!

Warte nicht darauf, dass sich im Außen etwas zu deinem Glück verändert. Sei selbst die Veränderung, die du dir erwünscht!

Jeder kann sich selbst glücklich machen. Zufällige äußere Umstände sind dabei von geringer Bedeutung.
Seneca (4 v. - 65 n.Chr.)

Dein innerer Dialog

*Wie du über die Welt denkst und worauf du deinen Fokus
lenkst, das wächst und bestimmt dein Schicksal.*

Bernd Helge:

Vielleicht kommen wir jetzt zum spannendsten und wichtigsten Thema in Sachen „Glück". Es geht darum, was wir denken, wie wir mit uns selbst reden.

Unser Wohlbefinden ist in erster Linie davon bestimmt, welcher Film in unserem Gehirn abläuft. Ob wir uns ärgern, ob wir uns ängstigen, ob wir uns freuen, hängt davon ab, wie wir eine Situation beurteilen.

Wir können uns darüber ärgern und innerlich aufregen, dass jemand zu einer Verabredung zu spät kommt. Wir denken dann vielleicht: „Unverschämt mich warten zu lassen! Er könnte doch wenigstens anrufen! Ich hasse Unpünktlichkeit! Hoffentlich ist nichts Schlimmes passiert!"

Beobachte dich, überlege ein alternatives Verhalten! Du könntest vielleicht die jetzt gewonnene Zeit nützen, um etwas Sinnvolles zu lesen, um über deine Ziele nachzudenken, um dir bewusst zu machen wie deine Einstellung und deine Beziehung zu der Person ist, die du erwartest. Du kannst die Wartezeit für eine Entspannungsübung oder eine kleine Meditation verwenden, kannst ganz im Hier und Jetzt verweilen, die Schönheit des Augenblicks genießen, bewusst ein- und ausatmen.

Großer Prinz:

Es ist eure Entscheidung, wie ihr mit einer Situation umgeht, wie ihr sie beurteilt. „Mensch ärgere dich nicht!" heißt ein lehrreiches Brettspiel. Natürlich ist niemand dumm oder ein schlechter Mensch, wenn er sich ärgert. Ärger ist eine instinktive Reaktion. Wut und Ärger dienten den primitiven Menschen in der Urzeit dazu, starke Kräfte zu mobilisieren, um sich gegen feindliche Angriffe zur Wehr zu setzen. Das ist heutzutage nicht mehr gefragt.

Um den Ärger zu beherrschen genügt es wachsam zu sein, sich und seine Gefühle zu beobachten. So bändigt ihr nach und nach eure instinktiven Emotionen. Auf diese Weise könnt ihr die Energie eures Ärgers in die richtige Bahnen leiten. Ärger ist ein Zeichen. Es kann bedeuten: „Verändere dich selbst!" oder „Zieh deine Konsequenzen!"

Wenn Ärger hochsteigt, so beobachte ihn! Diese Achtsamkeit wirkt wie ein starkes Lösungsmittel. Der Ärger verdünnt sich und löst sich schließlich auf.

„Entscheide glücklich zu sein, was immer ist und kommen mag!"

Hilfsweise denk daran, dass es tausend Gründe gibt glücklich zu sein. Denkt nur daran welche Möglichkeiten und Annehmlichkeiten das moderne Leben bietet. Wer will, kann natürlich immer etwas finden, was ihn stört, was er nicht will, was ihn unglücklich macht. Ihr habt immer die Wahl und die Entscheidung. Es steht jedem Menschen frei, seine Gedanken an das anzuketten, was nicht schön ist auf dieser Welt, oder seine Aufmerksamkeit auf die unendliche Vielfalt der Geschenke und Möglichkeiten des Lebens zu lenken.

Die äußere Welt, die Menschen um uns, die täglichen Ereignisse könnt ihr nur beschränkt verändern. Was ihr jedoch sofort verändern könnt, sind eure Gedanken über die Welt, eure Bewertungen, euren Fokus. Durch kluge Beurteilung verwandelt sich nach und nach das, was ihr rund um euch wahrnehmt, zum Guten.

Es sind nicht die Dinge, die uns beunruhigen, sondern unsere Meinung über die Dinge.
Seneca (1 - 65 n. Chr.)

Gedanken lenken

Bernd Helge:

Es sagt sich so leicht, wir sollen uns entscheiden glücklich zu sein. In der Realität werden wir doch immer wieder von den Ereignissen mitgerissen und vergessen aufs Glücklich-Sein.

Großer Prinz:

Eure Fortschritte in der Beherrschung der äußeren Natur sind großartig. Ihr baut Flugzeuge, Computer, Autos, Straßen, Wolkenkratzer und könnt sogar Raketen ins All schießen. Doch der wichtigste Fortschritt auf dem Weg zu mehr Glück wäre die *Meisterschaft über euch selbst.* Ihr bestimmt nicht eure Gedanken und Gefühle, sondern ihr seid deren Sklaven. *Ihr denkt zu viel und lebt zu wenig.* Ihr besitzt immer mehr, doch ihr werdet dadurch nicht glücklicher.

Wer unglücklich ist, hat sich in seinen Gedanken vom Glück entfernt. Ihr Menschen leidet darunter, dass ihr wenig Kontrolle über eure Gedanken habt. Ihr denkt pausenlos, doch ihr beobachtet zu wenig, was ihr denkt. Wenn ihr versucht nur eine Minute nichts zu denken, so könnt ihr erkennen wie hilflos ihr dem ungesteuerten Strom eurer Gedanken ausgeliefert seid. 10 bis 30 Tausend Gedanken eilen täglich durch ein menschliches Gehirn. Dieser gewaltige Strom lenkt und bestimmt euer Glück.

Was ihr denkt, bestimmt eure Gefühle. Eure Gefühle bestimmen eure Wünsche. Eure Wünsche bestimmen eure Handlungen. Eure Handlungen bestimmen euren Charakter und euer Charakter bestimmt euer Schicksal.

Jeden Tag entscheidet ihr von neuem über euer Schicksal. Euer Glück wird gelenkt durch tausende, meist achtlos dahinsprudelnde Gedanken. Und irgendwann klagt ihr über die ungerechte, schwierige äußere Welt.

Die meisten Menschen befinden sich fortlaufend in einem Tagtraum. Sie beobachten nicht was sie denken. Sie denken unkontrolliert dahin, wie es ihnen ihre Eltern, die Lehrer, die Gesellschaft, die Tradition, die Medien beigebracht haben. Ein Mensch im Tagtraum gestaltet sein Glück und sein Schicksal ohne es zu bemerken. Oder besser gesagt, er gestaltet nicht selbst, sondern wird gestaltet.

Der „erwachte" Mensch schafft sich seine Realität bewusst und bildet so in und um sich eine Welt wie sie seinen Wünschen und Lebenszielen entspricht.

Gedanken schaffen Wirklichkeit

Der große Prinz:

Die Prinzen auf Joya gehen sehr behutsam und achtsam um mit ihren Gedanken. Wie jemand, der sich ein Haus baut, bewusst entscheidet, wie es ausschauen soll, so bestimmen die Joyaner individuell ihr *Gedankenhaus*. Sie sind sich stets bewusst, dass sie mit jedem Gedanken ihre Zukunft, ihr Schicksal bestimmen. Sie haben dabei unbegrenzte Freiheit und können so eine ungeahnte Kreativität ausleben.

Eure Freiheit und Kreativität wären ebenfalls unbegrenzt, wenn ihr alle eure Gedanken bewusst steuern könntet. *Alles was im Universum gedacht wird, schafft Wirklichkeit.* Das gilt auf Joya genauso wie auf eurer Erde. Ihr seid die Regisseure eurer Wirklichkeit und damit eures Schicksals. Ihr könnt bewusst das Drehbuch eures Lebens schreiben oder ihr folgt dem Drehbuch anderer. Ihr könnt bewusst wie ein Regisseur die Dramatik, die Hintergrundmusik, Freude oder Unglück in eurem Film bestimmen oder einfach den Regieanweisungen von Erziehung, Gesellschaft und Gewohnheit folgen.

Wir Prinzen kommen nicht auf die Idee, dass es uns nicht gut geht, weil andere Individuen uns ungerecht oder lieblos behandeln. Es ist für uns kein Thema, wer für unser Schicksal verantwortlich ist. *Es geht uns so gut, wie wir vorher gedacht haben!* Das ist für uns eine tiefe Überzeugung. Deshalb wäre es für uns ohne Sinn uns zu bedauern, andere zu beschuldigen, oder Angst vor bösen Zufällen zu haben.

Die Gedanken der Prinzen haben durch ihre Bewusstheit mehr Leichtigkeit und fließen dennoch ruhig dahin. Während die Erd-Menschen fallweise bis zum Wahnsinn, bis zur Besessenheit von ihren Ideen beherrscht werden, sind für uns Gedanken nicht so bestimmend, mitreißend und eigensinnig wie für euch. Es fällt uns Joyaner leicht, während wir denken, zugleich unsere Gedanken anzuschauen, sie zu beobachten und zu lenken. So stehen wir vergleichsweise in einem freundschaftlichen, liebevollen Wechselspiel zu unseren Gedanken. Diese Art zu denken schafft keine Unruhe, keine Sorgen, keine Ängste. Unsere Gedanken haben einen entspannten, fast meditativen Charakter. Dennoch sind sie keineswegs träge, verschlafen oder gar langweilig.

Wenn ihr wach genug seid, euch stets eurer gegenwärtigen Gedanken und Gefühle bewusst zu sein, werdet ihr in eine andere Lebensdimension eintreten.

Unzählige Menschen haben Völker und Städte beherrscht, aber ganz wenige nur sich selbst.

Seneca (1 - 65 n. Chr.)

Achtsamkeit

Bernd Helge:

Unsere Gesellschaft liebt die strahlenden, glücklichen Sieger, die Helden, wie wir sie jederzeit im Kino und höchst selten im praktischen Leben bewundern dürfen. Jedoch die Einladung selbst ein Held zu sein, selbst sein Glück zu bestimmen, löst bei manchen Gefühle des Zwangs, des Müssens aus.

Auf diesen Druck wird verschieden reagiert:

Die einen kämpfen erfolglos um ihr Glücklich-Sein, denn das Glück lässt sich nicht erzwingen. Dazu zählen die Macher, die Workoholiker, die rastlosen Sucher...

Die anderen kennen nicht die Regeln des Glücks. Nach einigen Versuchen resignieren sie und glauben nicht mehr an ihr persönliches Glück. Sie richten sich daher in einem mittelmäßigen Dasein ein und betäuben sich nach Belieben mit Fernsehen, Schokolade, zu viel essen, Shoppen-gehen, Alkohol, Rauchen ...

Das Glück der dritten besteht darin, sich zu bemitleiden und über ihre Sorgen und Krankheiten zu klagen. Letzteres ist auch eine Möglichkeit Aufmerksamkeit auf sich zu ziehen und ein „Held" – allerdings ein Anti-Held – zu sein.

Großer Prinz:

Befreie dich vom Gedanken glücklich sein zu müssen!

Ihr „müsst" nichts Besonderes tun, um euer Leben in eine

gewünschte Richtung zu verändern. Wirksame Veränderung erfolgt durch Einsicht und Achtsamkeit. Das Handeln folgt ganz natürlich, wenn die Einsicht stark genug ist. *Wer begriffen hat und nicht handelt, der hat nicht begriffen.* Dem tief Erkennenden fällt es leicht sich zu verändern und zu handeln.

Je achtsamer ihr denkt, je mehr ihr darauf achtet was ihr denkt, desto leichter und schöner fühlt ihr euch. Meditationsübungen, wie sie beispielsweise im Yoga und Zen geübt werden, dienen dazu, diese Achtsamkeit zu steigern.

Achtsamkeit vermeidet, dass ihr Gefangene eurer Ängste und Sorgen werdet.

Wer seine Gedanken unbeobachtet dahineilen lässt, landet in der Regel bei irgendeinem Problem. Dort haken sich die Gedanken fest, hasten und kreisen um das Übel, verstärken es, fesseln euch, saugen euch Energie ab und sorgen für krankmachende Gefühle. So verursachen unkontrollierte Gedanken Angst und Unruhe. Umgekehrt fördern Angst und innere Unruhe die unkontrollierte Entwicklung von Gedanken. Ein fataler Kreislauf, der Schnur stracks ins Unglück führt.

Das Geheimnis eines erfüllten Lebens besteht in der Achtsamkeit. Achtsamkeit verändert dein Leben. Wer genügend wach und aufmerksam ist, wird bei seiner Ernährung darauf achten, was und wie viel sein Körper wirklich braucht. Er wird negative, unangenehme Gefühle nicht übergehen oder unterdrücken. Er wird einfühlsamer mit seinen Mitmenschen umgehen. Er wird klarer sehen, was er tun und was er lassen soll. Er wird erkennen was ihm gut tut, was ihn langfristig glücklich macht.

Achtsamkeit führt zu Erkenntnis. Erkenntnis bewirkt Veränderung zum Guten.
Das Gute bewirkt dein Glück.

Es ist nur eine Frage der Achtsamkeit, ob ihr negativen Emotionen erlaubt von euch Besitz zu ergreifen oder nicht. Sorgen, Stress, Ängste, Zorn, Hass, Selbstmitleid, Schuldgefühle, Neid, Eifersucht sind Gifte, die euer Gemüt und eure Gesundheit zerstören.

Seid wachsam und gestattet nicht, dass solche Gefühle euch beherrschen. Entscheidet glücklich zu sein. Solange ihr achtsam seid, sind in euch hochsteigende negative Gefühle wie Ärger, Angst, Schuldgefühle kein unüberwindliches Problem. Wenn ihr diese Emotionen beobachten könnt, so werden sie sich bald auflösen und zurück bleibt ein gutes Gefühl von Selbstbestimmung.

Entscheidend für euer Glück ist die Frage, ob ihr euch mit Zorn, Angst, Neid, Traurigkeit identifiziert. *In diesem Fall bist du Ärger, Zorn, Angst ...!* Identifikation mit solchen Gefühlen macht dich krank. Diese Gleichsetzung ist ein großer Irrtum, denn du bist im Grunde deiner Seele Freude, Liebe, Harmonie und Vollkommenheit.

Wir auf Joya kennen natürlich auch negative Gefühle. Doch diese können uns nicht überwältigen. Wir haben immer einen gewissen Abstand zu ihnen. Wir können mit ihnen spielerisch umgehen und dadurch bestimmen wie lange wir sie anschauen und bei ihnen verweilen wollen.

Achtsam sein bedeutet gegenwärtig sein. Zu beobachten was ist und nicht bei dem verweilen, was gestern war oder morgen sein wird.

Das beste „Rezept", um abgelagerten Müll über dem Glück am Seelengrund wegzuschaufeln, besteht darin: den Fokus auf das, was jetzt ist, auf den *Zauber der Gegenwärtigkeit*, auf das Wunder des Seins zu lenken.

Bewusst atmen

Das bewusste Wahrnehmen eures Körpers ist ein Tor zur Präsenz und die geistige Präsenz ist das Tor zu eurer Essenz.

Bernd Helge:

Wie schaffen wir es besser gegenwärtig zu sein, den Augenblick zu genießen?

Großer Prinz:

Die Steuerung des Denkens ist nur die halbe Miete. Nicht nur das Denken, sondern auch euer Körper spielt beim Glücklich-Sein eine große Rolle. Die beiden, Geist und Körper dürfen harmonisch zusammenwirken.

Wenn jemand verspannt und verkrampft ist, so hat es die Entscheidung „Glücklich zu sein" schwer bis in euer Herz zu gelangen. Die Wirkung der Glücksentscheidung kann deshalb wesentlich gesteigert werden, wenn ihr *bewusst* euren Körper entspannt.

Eine wunderbare Hilfe um sich zu entspannen, ist die Beobachtung des eigenen Atems. Wenn du deinen Atem beobachtest, wird dieser automatisch ruhiger und tiefer. Zugleich (er-) löst du dein Denken von dem was war und dem was sein wird. Du erlebst Gegenwart. Du kehrt zurück zu dem, was wirklich ist, zum „Jetzt".

Du kannst es jetzt, auf der Stelle ausprobieren. Achte jetzt auf deinen Atem! Du kannst sogar weiter lesen und zugleich deinen Atem beobachten. Du wirst bemerken, wie durch das bewusste Atmen sofort eine Entspannung eintritt; dein Atem wird tiefer, gleichmäßiger, ruhiger. Du atmest leichter hinunter bis ins Zwerchfell, weil sich zugleich die Zwerchfellmuskeln entspannen.

Die heilsame Wirkung des bewussten Atmens ist seit Jahrtausenden bekannt. In der asiatischen Meditationspraxis, im Yoya wird das bewusste Atmen einerseits zur Entspannung und andererseits als Hilfsmittel zur Gedankenbeherrschung eingesetzt.

Die meisten Menschen leben zu sehr im Kopf und haben die Verbindung zu ihrem Körper verloren. Doch es ist gerade die Weisheit des Körpers, die euch hilft gut und glücklich euer Leben zu meistern. Insbesondere wenn ihr eure Intuition besser nützen wollt, müsst ihr mehr auf die Botschaften eures Körpers achten. - (Siehe 6. Kapitel Glück und Wachstum)

Euer Körper ist tausendmal klüger als euer Verstand. Er ist ein gigantisches Wunder. Nur er weiß, wie Zellen aufgebaut, ernährt und gesund erhalten werden. Er lässt euer Herz schlagen. Er beherrscht das Wunderwerk Gehirn, welches euch befähigt zu denken. Er ermöglicht euch Gefühle wahrzunehmen. Er ermöglicht eure Lebendigkeit!

Ich empfehle euch daher im Laufe eines Tages immer wieder nicht nur auf euren Glückszustand zu achten und nötigenfalls die *„Glücksentscheidung"* zu treffen, sondern auch euren Atem zu beobachten. Durch die Beobachtung eures Atems verbindet ihr euch mit der unendlichen Weisheit eures Körpers!

Den Atem könnt ihr simultan neben eurer Arbeit beobachten. Insbesondere, wenn ihr nervös, angespannt, ängstlich seid, wirkt er wie ein Wundermittel. Sofort könnt ihr die wohltuende Wirkung bemerken.

Bewusst atmen bedeutet mit sich selbst Verbindung aufnehmen. Kehrt immer wieder ein bei euch selber! Geht regelmäßig in die Stille. Verbindet euch mit dem ewigen Urgrund des Seins, mit der wunderbaren Essenz, die ihr tief in euch selbst findet.

Der grundlegende Dharma (Lehre) besteht darin nur das Denken anzuhalten. Damit werdet ihr eins mit dem was ist und was alles umfasst, die Menschen, Tiere, Pflanzen, das Meer, die Erde, Sonne und Mond. Denn dein eigener Geist ist Buddha.

Zenmeister Daikan Ho

4. Authentisch leben

Sich voll einbringen

Bernd Helge:

Wie Exupéry schildert, begegnet der kleine Prinz in der Wüste einer Blume und fragt sie wo die Menschen sind. Diese Blume hat einmal eine Karawane vorüberziehen gesehen. Und so antwortet sie:

> *„Die Menschen? Es gibt, glaube ich, sechs oder sieben. Ich habe sie vor Jahren gesehen. Aber man weiß nie, wo sie zu finden sind. Der Wind verweht sie. Es fehlen ihnen die Wurzeln, das ist sehr übel für sie."* [5]

Tatsächlich haben viele Menschen ihre Wurzeln verloren oder gar nie gefunden.

So gibt es nur wenige Menschen auf der Erde, die tief und anhaltend glücklich sind, die am Ende ihres Lebens sagen können: *„Mein Leben war wunderbar! Auch wenn es gelegentlich schwierige und schmerzhafte Erfahrungen für mich gegeben hat, so war es ein himmlisches, erfülltes Leben. Mein Leben war durchströmt von Liebe, Vertrauen, Freude und Glücksempfinden. Ich möchte nicht anders gelebt haben! Auch meine Fehler und Irrwege weiß ich zu schätzen. Sie haben mir wichtige Erkenntnisse gebracht. Jetzt kann ich ohne Schmerz und ohne das Gefühl etwas versäumt zu haben, getrost in eine andere Welt gehen!"*

Großer Prinz:

Manche Menschen suchen ihr ganzes Leben nach ihrer passenden Umgebung. Sie harmonieren gar nicht oder nur teilweise mit ihrem Partner und anderen Familienmitgliedern, mit den Nachbarn, mit ihrem Chef und den Mitarbeitern am Arbeitsplatz. Sie haben das

Gefühl nicht am richtigen Ort zu leben. Sie sehnen sich zuweilen nach einer paradiesischen Insel mit Palmenstrand und viel Sonne, doch sie leben nicht ihre Träume. Sie finden keine Erfüllung in ihren Beziehungen, in ihrem Beruf, bei dem, was sie tun.

Die Frage stellt sich: Warum ist das so und wie kann diesen Menschen geholfen werden?

Erfüllung im Leben kann nur der erlangen, der seine Berufung lebt. Euer Leben bekommt mehr Sinn, wenn ihr das verwirklicht, was für euch bestimmt ist. Nur so könnt ihr euer Bestes geben. Nur so könnt ihr umfassend glücklich sein.

Dazu müsst ihr nicht sofort alles ändern, euren Job aufgeben, einen neuen Lebenspartner suchen oder eure derzeitige Heimat verlassen. Es bedeutet vorerst lediglich *euch selbst, mit all eurer Kraft, Hingabe, Begeisterung und Leidenschaft in eure Arbeit, in eure Beziehungen, in euer sonstiges Tun einzubringen.* Auf diese Art werdet ihr euch erkennen und verwandeln. Die entsprechenden äußeren Veränderungen werden ganz ungezwungen folgen.

Das Universum hat euch nicht mit mannigfaltigen Begabungen ausgestattet, damit ihr diese brach liegen lasst. Seine Berufung erkennen bedeutet vorerst seine Talente, seine Stärken festzustellen. Diese geben euch Hinweise auf eure Aufgaben. Viele sind sich ihrer besonderen Fähigkeiten gar nicht bewusst und so können sie auch nicht ihre Bestimmung verstehen. Jeder Mensch ist auf seine Art genial. Gott hat nur großartige Menschen erschaffen. Das kann man besonders bei autistischen Menschen beobachten, die gerade weil sie in den „normalen" Verstandesbereichen behindert sind, oft unerklärliche Fähigkeiten offenbaren. Ihr Menschen erkennt nicht wie vollkommen ihr im Kern eures Wesns wirklich seid. Hingegen hadert ihr gerne mit euren Schwächen. Doch so könnt ihr niemals das leben, wofür ihr wirklich bestimmt seid.

Bernd Helge:

Viele werden deine Aufforderung Hingabe, Begeisterung, und Talente in die täglichen Verrichtungen einzubringen, als Zumutung empfinden. Sie werden fragen, wie soll das gehen in einen öden Job, in eine abgekühlte Beziehung, in langweilige Hausarbeit Leidenschaft zu investieren?

Großer Prinz:

Wer Großes erlangen will, darf mit kleinen Schritten beginnen. Evolution ist ein unendlicher Prozess. Es geht dabei nicht um Geschwindigkeit, sondern um Veränderung und Wachstum. *Wer bereit ist und beginnt wird ungeahnte Erfolge ernten.* Allein die veränderte innere Einstellung zu dem, was ihr „heute" zu tun habt und wie ihr es tun könnt, wird eure innere und äußere Welt in kurzer Zeit erstaunlich verändern.

Achte mehr auf das „Wie" als auf das „Was"

Entscheidend für dein Wohlbefinden, für deine seelisch-geistige Entwicklung und für deine Verbundenheit mit deinem göttlichen Innersten ist der Seelenzustand in dem du dich in jedem Augenblick befindest. Achte daher darauf, dass bei allem was du tust, ganz gleich, wo du dich gerade befindest, ob zu Hause, unterwegs, oder bei der Arbeit, in deiner Seele eine friedvolle, gelöste und heitere Stimmung vorherrschend ist.

„Was" du tust und welches Ziel du gerade erreichen willst, ist im Vergleich dazu von untergeordneter Bedeutung. Kümmere dich bei allem, was du tust, vor allem um das „Wie" es deiner Seele geht und zweitrangig um das „Was" du im Aussen erreichen willst.

Wenn du in einer harmonischen und liebevollen Seelenverfassung deine Aufgaben verrichtest, wirst du immer erfolgreich sein. Kümmerst du dich nicht um deine Seele, so wirst du vielleicht auch deine äußeren Ziele erreichen, doch dein Inneres und dein Körper werden leiden.

Die einzig wahrhaft glücklichen Menschen, denen ich in meinem Leben begegnet bin, waren diejenigen, die in der Hingabe an eine Aufgabe aufgegangen sind.
Albert Schweitzer (1875 - 1965)

Die Berufung erkennen

Bernd Helge:

Als Trainer habe ich immer wieder mit Menschen zu tun, die zwar fühlen, dass sie in ihrem Beruf am falschen Platz sind, die jedoch keine Idee haben, was wirklich ihre *Berufung* sein könnte. Sie haben nur eine vage Ahnung, was Ihre Talente sind. Sie können sich nicht vorstellen, welcher Arbeit sie sich mit ganzer Kraft und voller Leidenschaft hingeben könnten.

Sie wissen oft nur, was sie nicht mögen, was sie stört, worunter sie leiden. Sie verwenden gerne ihre Energie um sich zu bemitleiden und um anderen oder ihren unglücklichen Lebensumständen die Schuld an ihren Problemen zuzuweisen.

Gerade ihr Fokus auf ihre Probleme, auf das, was sie nicht haben wollen, was sie stört, was sie ärgert, zieht diese Schwierigkeiten magisch an.

Großer Prinz:

Niemand kann dir sagen, was deine Berufung ist. Nur dein Verstand gemeinsam mit deinem Herz, sie können es erkennen.

Folgende Fragen, sorgfältig beantwortet, helfen dir deine Berufung zu begreifen:

- ❖ Was kann ich gut?
- ❖ Will ich das wirklich tun?
- ❖ Was mache ich gern?
- ❖ Was macht für mich Sinn?
- ❖ Womit kann ich anderen am besten dienen?
- ❖ Entspricht mir das was ich tu, oder will ich nur anderen gefallen?
- ❖ Macht mich das auf Dauer glücklich?
- ❖ Welche Gefühle tauchen bei der Vorstellung, einen bestimmten Beruf auszuüben, in mir auf?

Anhaltend glücklich sein kann nur derjenige, der lebt was ihm entspricht.

Jede Zelle leidet, wenn ihr nicht glücklich seid.

Großer Prinz:

Auf unserem Stern ist es für einen Joyaner praktisch unmöglich etwas zu tun, was nicht seinem ureigenen Wesen entspricht. Wir können nicht einen Beruf ausüben, der nicht zu uns passt. Wir können nicht aus Angst, mangelndem Selbstvertrauen oder weil es die Eltern, die Gesellschaft so erwarten oder nur dem Geld zuliebe etwas tun, was wir eigentlich nicht tun wollen. Wenn wir gegen unser Gefühl, gegen unser Wesen handeln, so trübt sich unsere gewöhnlich klar leuchtende Körperfarbe sofort. Sie wird schmutzig grau. So erkennt jeder selbst sogleich, dass er etwas falsch macht, dass er gegen sich selbst lebt und dass er so nur unglücklich werden kann. Wer bei uns nicht seine ureigene Individualität, seine Einmaligkeit zum Ausdruck bringt, wird sofort krank und müsste bald sterben, wenn er nicht unverzüglich zu seiner natürlichen Wesenheit zurückkehrt.

Auch die anderen Prinzen merken es, wenn jemand nicht authentisch lebt. Sie sagen sich sogleich: „Mit dem stimmt etwas nicht! Der verströmt eine kranke Schwingung! Der ist nicht echt!" Sie würden im Kontakt mit so einer Person sehr zurückhaltend sein, weil sie sonst Gefahr laufen selbst krank zu werden. Denn Individuen, die nicht das leben, was sie sind, verbreiten eine negative Schwingung und saugen an der eigenen Energie und auch an der ihrer Mitbürger.

Wie unsere Forschungen zeigen, können die Menschen auf der Erde ohne weiteres fast ihr ganzes Dasein lang Dinge tun, die sie eigentlich gar nicht tun wollen. Natürlich macht das auch den Erdenmensch krank.

Jede Körperzelle leidet mit, wenn jemand sich verleugnet und unglücklich ist, denn Gefühle stehen in einem engen Zusammenhang mit allen Körperzellen. Zum Teil wird das auch bei euch Menschen sofort sichtbar. Zum Beispiel zeigen sich bei manchen Menschen Scham, Verlegenheit oder auch Wut blitzartig im Gesicht und auch an anderen Körperstellen durch eine Rotfärbung der Haut. Andere werden blass vor Angst. Tatsächlich ist es auch bei euch so, dass jedes Gefühl Einfluss auf jede Körperzelle hat. *Jede Zelle leidet, wenn ihr nicht glücklich seid.* Wenn die Menschen wüssten, wie sie ihrem

Körper mit jedem andauernden schlechten Gefühl schaden, vor allem mit Ärger, Angst, Stress, so würden die Menschen viel bewusster leben. Krebserkrankungen, Stoffwechselstörungen, Kreislauf- und Herzbeschwerden, Leber- und Gallenerkrankung, Magen und Darmstörungen sind in erster Linie auf anhaltende negative Gedanken und Gefühle zurückzuführen.

Euer Erkranken durch *Selbstverleugnung* ist in der Regel ein schleichender Prozess, der erst im fortgeschrittenen Stadium massiv zu Tage tritt. Doch gerade dieser Umstand bedeutet eine besondere Gefahr für euch, weil ihr euch so allmählich an seelisches und körperliches Unwohlsein gewöhnt habt und daher nicht bereit seid, energische Maßnahmen gegen diesen kontinuierlichen Verfall zu setzen.

Selbstverwirklichung ein Egotrip?

Bernd Helge:

Die Idee sich selbst zu verwirklichen, das zu leben, was man ist, wird von Kritikern als egozentrisches Ideal, als Luxus der Reichen, als Bedrohung für Familie und sonstige soziale Gemeinschaften verurteilt. So schreibt ein bekannter deutscher Autor in seinem Buch über das Glück: „Gott schütze uns vor 80 Millionen deutscher Selbstverwirklichungen!" „Wollen wir, dass sich ein Wiederholungstäter unter den Lustmördern auf sie (die Selbstverwirklichung) beruft?"

Großer Prinz:

Ja, es ist durchaus möglich die Idee, authentisch zu leben, gründlich misszuverstehen. Wer die Rechte anderer Menschen verletzt, wer gegen Gesetze der Menschlichkeit verstößt, lebt nicht authentisch. Das, was jeder wirklich ist, hat seinen Ursprung in der Essenz des Daseins. Diese Essenz bedeutet *Liebe, Freude, Schönheit, Harmonie und Geborgenheit.* Soweit jemand vermeint, er müsse etwas leben, was mit dieser Basis des Lebens im Widerspruch steht, befindet er sich auf einem Irrweg und nicht auf dem Weg zu sich selbst. Authentisch leben, bedeutet seine individuelle Berufung, seine Fähigkeiten, seine Talente in Harmonie mit der Essenz des Seins auszuleben.

Authentisch leben ist kein Privileg für Reiche oder sonstige Günstlinge des Schicksals. Es gibt genügend Menschen, die bewiesen haben, dass jemand auch unter schwierigsten Lebensumständen, das leben kann, was er ist. Ihr habt dazu viele große Vorbilder wie beispielsweise Mahatma Gandhi, Albert Schweitzer oder Viktor Frankl.

Ein authentischer Mensch, der das lebt, was er ist, schadet niemals seinen Mitmenschen. Wer sich verwirklicht, beginnt von innen heraus zu strahlen. In seiner Gegenwart fühlen sich andere wohl. Er entfaltet Charisma und wird zu einem Geschenk für seine Umgebung. In diesem Sinne würde die Selbstverwirklichung aller Menschen das Paradies auf Erden erschaffen.

Authentisch leben bedeutet nicht auf Wünsche und Bedürfnisse anderer Personen keine Rücksicht zu nehmen. *Wer lebt, was er ist, folgt seiner inneren Stimme*, die ihm sagt, wie er sich seiner Umwelt gegenüber verhalten soll. Wenn es für ihn richtig ist, anderen zu helfen, wird er es gerne tun, auch wenn das für ihn nicht angenehm sein sollte. Er wird gegebenenfalls seine Interessen zurückstellen und wenn es sein muss, seine Gesundheit oder gar sein Leben für jemand anderen riskieren. Er würde zu sehr leiden, wenn er für jemand anderen da sein sollte, dem aber nicht nachkommt.

Liebevoll „Nein" sagen

Bernd Helge:

Manchen Menschen fällt es sehr schwer zu Wünschen ihrer Umgebung „Nein!" zu sagen. Sie wollen niemanden enttäuschen und sich nicht unbeliebt machen.

Großer Prinz:

Es ist immer verlockend „Ja" zu Wünschen anderer zu sagen, weil es sich scheinbar harmonischer anfühlt, diesen zu entsprechen. Tatsächlich leidet ihr darunter, wenn ihr nicht das tut, was für euch passend ist. Ihr bekommt unweigerlich Probleme, wenn ihr zu Wünschen anderer „Ja" statt „Nein" sagt, obwohl ihr das Gefühl habt: „das ist nicht meine Sache!", oder „es wäre besser, er würde sich selbst helfen!" oder „andere Aufgaben haben für mich Vorrang!"

Aus Bequemlichkeit oder Achtlosigkeit nicht zu handeln ist genauso falsch wie zu helfen, wenn ihr eigentlich „Nein!" sagen solltet. So gilt es immer behutsam in sich hineinzuhorchen, ob es für euch richtig ist, dem zu entsprechen, was andere von euch erwarten.

Euer „Nein" stört vielleicht den anderen, doch solltet ihr euch davon nicht irritieren lassen. Wenn es für euch nicht richtig ist dem zu folgen, was jemand von euch verlangt, so ist es Sache des anderen mit eurem „Nein" zu Rande zu kommen. Mag sein, dass er dies ohnedies gut kann. Andernfalls wird es für ihn an der Zeit sein, es möglichst rasch zu erlernen.

Das Universum ist so eingerichtet, dass ein Verhalten, welches mit eurer Essenz im Einklang steht, immer auch für die anderen Menschen gut und richtig ist, selbst wenn sie fürs erste damit nicht glücklich sind.

Besonders schwer fällt es jenen Leuten „Nein" zu sagen, die ihre eigenen Ziele zu wenig kennen oder ihnen zu wenig Bedeutung beimessen.

Wem die eigenen Prioritäten zu wenig klar sind, der unterwirft sich den Prioritäten anderer.

Verlorenes Glück

Bernd Helge:

Es ist leicht zu verstehen, dass jemand, der mit sich, mit seinem Wesen permanent im Konflikt steht, nicht glücklich sein kann. Aber warum leben Menschen nicht das, was sie sind?

Großer Prinz:

In Harmonie mit sich selbst zu leben ist für euch offenbar nicht so einfach, obwohl es das Natürlichste und Normalste sein könnte.

Jedes Wesen, das geboren wird, bringt in seinem tiefsten Inneren Glück, Frieden, Liebe, Schönheitsempfinden und Freude mit auf die Welt. Wie jeder weiß, können Babys und kleine Kinder überirdische Seligkeit ausstrahlen. Ihr Lächeln verzaubert uns.

Im Grunde sind die Menschen auf der Erde ebenso glücklich veranlagt wie wir Prinzen auf unserem Stern. Glücklich zu sein ist ein natürlicher, von der Schöpfung vorgesehener Zustand. Ebenso wenig wie jemand Liebesgefühle „machen" kann, sind auch Glücksgefühle nicht „machbar"! Was auch gar nicht erforderlich ist, weil die Begabung glücklich zu sein jedem Menschen angeboren ist. Ihr könnt euch für schöne Gefühle nur entweder öffnen oder euch dagegen verschließen.

Bernd Helge:

Richtig! Kleine Kinder können noch ungehemmt ihr Glück empfinden und ausstrahlen. Dasselbe Glück tragen die Erwachsenen in sich. Es ist jedoch oft zugedeckt durch die Verstrickung in tägliche Notwendigkeiten, Sorgen, Erfolgsstreben und diverse Ärgernisse. Warum können die Menschen nicht in diesem seligen Zustand der Kindheit verweilen? Warum müssen sie anscheinend zwangsläufig den paradiesischen Bewusstseinszustand der Kindheit verlassen?

Großer Prinz:

Das Kleinkind lebt absolut das, was es ist. Es lebt authentisch. Es schreit, wenn es ein ungestilltes Bedürfnis hat. Es schläft, wenn ihm danach ist. Es kommuniziert, es spielt auf seine Art und befindet sich überwiegend in einem himmlischen Zustand.

Im Zuge des Heranwachsens wird das Kind dem Einfluss der Erziehung, dem Einfluss der guten und weniger guten Vorbilder der Erwachsenen, dem Einfluss religiöser Vorstellungen, dem Einfluss der Gesellschaft ausgesetzt. Das ist unvermeidbar.

Unvermeidbar ist auch, dass die Eltern und Lehrer dem Kind die geltenden Regeln der Gesellschaft für das Zusammenleben beibringen. Gegenteilige Versuche, wie beispielsweise die „antiautoritäre Erziehung" sind kläglich gescheitert.

Auch die perfektesten Eltern und Lehrer (die es ohnedies nicht gibt) können nicht vermeiden, dass das Kind vorerst einen Weg gehen muss, der nicht 100%ig seinem einzigartigen Wesen entspricht.

Durch Erziehung und Gesellschaft entfernt sich der heranwachsende Mensch aus seiner Mitte. Auch wenn er zwischendurch rebelliert, ahmt er seine Vorbilder nach und macht meist unbewusst im Großen und Ganzen das, was die Eltern, Erzieher und die Gesellschaft von ihm erwarten und fordern. Zugleich weiß er selbst immer weniger, was er ist, was er will. Und umso „gescheiter" ein Mensch wird, je mehr er denkt, desto mehr entfernt er sich von seinen Gefühlen, von seinem Instinkt und von seiner Intuition.

Er entfernt sich so von der Energie des Zentrums seiner Wesenheit. Er lebt an der Peripherie von dem was er wirklich ist.

Erziehung und „Verziehung" gehören zur Entwicklung jedes Menschen auf der Erde. Da muss er durch! Der Erwachsene hat sodann die Chance, seinen ureigenen Weg zu finden und selbst seine Persönlichkeit zu formen.

Selbst sein Glück zu finden, selbst sein Schicksal zu bestimmen, das ist die große Herausforderung für jeden, der alt und reif genug ist, diese faszinierende Aufgabe zu übernehmen.

Lebe deine Wahrheit

> *Wenn ihr nicht werdet wie die Kinder, könnt ihr das Reich Gottes nicht schauen.*
>
> *(Mat. 18/3)*

Bernd Helge:

Es ist ein großer Unterschied, ob wir nur existieren und überleben oder wirklich leben. Unsere Berufung ist nicht nur da zu sein, sondern glücklich zu sein. Es kann nicht das Ziel unseres Lebens sein, tagaus, tagein dasselbe gleichförmige Programm abzuspulen und leidenschaftliches, mutiges Leben irgendwelchen Helden auf der Kinoleinwand oder im Fernseher zu überlassen.

Großer Prinz:

Ein Kind glaubt noch an seine Träume und Visionen. Die Erwachsenen verzichten nach und nach darauf, ihre Träume zu leben. Das macht sie unglücklich. Denn *wahrhaft glücklich sind nur Menschen, die das verwirklichen, was ihrer einmaligen Wesenheit entspricht*, die authentisch leben.

Weil es nicht so einfach ist in seiner Mitte gut verankert zu sein, zu wissen, was man ist, zu wissen, wozu man berufen ist und das auch zu leben, verzichten die Menschen nach und nach auf ihr Glück. Sie glauben immer weniger, dass auch sie für ein besonderes Leben auserwählt sind. Deshalb wird ihr Dasein immer flacher, sie hören auf zu strahlen und ergeben sich in einen grauen Alltag.

Es geht mit eurer Lebensfreude wieder bergauf, wenn ihr euch als allererstes bewusst macht, inwieweit ihr nicht das lebt, was eurer Persönlichkeit entspricht. Dann beginnt ihr das Spannungsfeld zu spüren zwischen dem was ihr jetzt lebt und dem was ihr tatsächlich sein könntet. So entfaltet ihr eine erstaunliche Kraft und den nötigen Mut zur Veränderung.

Sterben ist keine Tragödie, doch es ist ein Trauerspiel wenn jemand die Möglichkeiten und Fähigkeiten, die ihm auf den Lebensweg mitgegeben wurden, sterben lässt. Also *vergeudet nicht eure Zeit mit Tätigkeiten, die nicht eurem Wesen und euren Talenten entsprechen!*

Auf Joya wird jeder von Geburt an intensiv gefördert, um seine individuellen Fähigkeiten optimal zu entfalten. Für uns Prinzen ist es ganz selbstverständlich, dass jeder neue Bürger unseres Sterns etwas ganz Besonderes ist und wird. Diese Einstellung unterstützt den Einzelnen und dient der Gemeinschaft.

Diese Überzeugung bringt eine hohe Fortschrittsdynamik mit sich. Auch ihr Menschen würdet eine wesentlich stärkere und raschere Entwicklung machen, wenn ihr davon ausgeht, dass jeder von euch besondere Fähigkeiten hat. Mit dieser Gewissheit kann jeder Einzelne viel mehr und Sinnvolleres zum eigenen Vorteil und zum Nutzen anderer leisten, als dies derzeit der Fall ist.

Die individuellen Stärken sollten schon vor und natürlich besonders in der Schulzeit erkannt und nachdrücklich unterstützt werden. So sollten beispielsweise Kinder bei ihren Schularbeiten nicht entsprechend der gemachten Fehler be- (ver-) urteilt, sondern für das, was sie gut gemacht haben, belobigt werden.

Leider richtet ihr euer Augenmerk zu sehr auf Schwächen, die dadurch mehr Bedeutung erlangen als ihnen zusteht. Erst wenn ihr von der *Genialität* eines jeden Menschen ausgeht, kann sich diese realisieren.

Es gilt für jeden Einzelnen von euch sein volles Potential auszuschöpfen. Das gibt euch Selbstvertrauen, das macht euch glücklich. Verwirklichen könnt ihr eure Möglichkeiten allerdings nur dann, wenn ihr bereit seid, mutig neue Wege zu gehen. Denn nur wer etwas riskiert, kann über seine Beschränkungen hinausgehen.

> *„Ich wünsche mir Chancen, nicht Sicherheiten. Ich will dem Risiko begegnen, mich nach etwas sehnen und es verwirklichen, Schiffbruch erleiden und Erfolg haben. Lieber will ich den Schwierigkeiten des Lebens entgegentreten als ein gesichertes Dasein führen..."*
> *Albert Schweitzer (1875 - 1965)*

Den richtigen Boden finden

> *The people who get on in this world, are the people who get up and look for the circumstances they want. And if they can´t find them, they make them.*
> *George Bernhard Shaw (1856 - 1956)*

Bernd Helge:

Um seine Wahrheit leben zu können, ist es wohl auch wichtig, sich dafür das richtige Umfeld zu schaffen.

Großer Prinz:

Jede Pflanze kann nur dann gut gedeihen, wenn sie in dem für sie entsprechenden Boden wurzelt. So ist es auch für euch Menschen.

Beachte den Boden, auf dem du wachsen, aufblühen und Früchte tragen willst! Schenk dir eine möglichst schöne Umgebung. Das gilt nicht nur für deine Wohnung und deinen Arbeitsplatz. Verweile nicht länger als notwendig in der Gesellschaft von negativ kritischen Menschen, von Menschen, bei denen du dich nicht wohl fühlst, bei Energiesaugern ... Dulde nicht aus Angst vor Veränderung unliebsame Zustände, die dich letztlich nur unruhig und krank machen!

Antworte jetzt bitte nicht, dass sei alles leicht gesagt, doch du hättest keinen Einfluss darauf, wie dein Arbeitsplatz gestaltet ist. Beginne mit kleinen Schritten. Schmücke zum Beispiel deine Arbeitsstätte mit einem Bild, das dir gefällt.

Wenn du äußerlich nichts ändern kannst, so beginne mit deiner Einstellung zu deiner Arbeit und zu den Menschen bei deiner Arbeit. Vergiss nicht, die Umwelt ist dein Spiegel, veränderst du dich, so verändert sich auch dein Umfeld. *Verändere das, was du verändern kannst und es wird sich auch das verändern, worauf du scheinbar keinen Einfluss hast!*

Besonders wichtig ist es für dich, dass du nicht ständig deinen „Boden" durch den Müll von Nachrichten in den Medien über Krieg, Mord und Krisen aller Art verseuchst. Erspare dir auch Filme in dich zu saugen, in denen Angst und Schrecken verbreitet werden.

Ihr könnt und braucht euch nicht ganz von dem abkoppeln, was in der Welt vor sich geht. Allerdings beachte, dass die Medien vorwiegend nur „bad news" verkaufen. Leicht entsteht so der Eindruck, die ganze Welt besteht nur aus Katastrophen. So verliert ihr den Blick für die Schönheiten und die göttliche Weisheit, von der das ganze Universum durchdrungen und getragen ist.

Lerne die Ursachen und die Tragweite negativer Ereignisse zu verstehen. Mach dir bewusst, dass auf dieser Erde auch das Negative seinen Sinn hat und dass – wie es in eurer Bibel steht – bei Gott jedes Haar gezählt ist.

Es gibt so viele Schätze auf dieser Welt, die darauf warten auch in eurer Seele einen Platz zu finden. Genießt eure Familie, eure Freunde! Bewegt euch in der Natur! Lest gute Bücher! Erfreut euch an den wenigen guten und wertvollen Filmen, die es gibt ...

Genügend Zeit haben

Bernd Helge:
Wie wir innerlich, reflexartig entscheiden uns zu ärgern und unglücklich zu sein, so reden manche sich gerne ein: *„Ich habe keine Zeit!" „Ich bin im Stress!"*

Großer Prinz:
Keine Zeit zu haben ist eine typisch menschliche Erscheinung. Wir auf Joya kennen keinen Zeitdruck. Die Zeit kann ja wirklich niemanden „drücken". Das sind nur geistige Einbildungen, die sich jedoch auf die Psyche äußerst negativ auswirken.

Auf Joya leben wir vollkommen gegenwärtig. Was ihr auf der Erde unter Zeit versteht, existiert für uns nicht. Wir kennen keine Zeit die dahineilt. Wir kennen keine Zeit, in der wir mehr machen und erledigen wollen als möglich ist. Wir leben in der Harmonie mit der Gegenwart. Das heißt wir fühlen und erkennen gut, was im Augenblick zu tun ist und sind nicht irritiert durch andere Aufgaben, die vielleicht auch noch „dringend" zu erledigen sind. Wir haben ein klares Bewusstsein von dem, was für uns „jetzt" zu erledigen ist. Nur mangelndes „Bewusstes Sein" verursacht Zeitdruck.

Soweit ihr klare Prioritäten setzt, was im *„Hier und Jetzt"* zu machen ist, endet auch für euch die Zeit. In der Hingabe an das was im Augenblick zu tun ist werdet ihr zeitlos – ihr „vergesst" die Zeit.

Ihr setzt euch dadurch unter Druck, dass ihr euch einbildet zu wenig Zeit zu haben. Ihr *entscheidet* für euch: „Meine Zeit ist knapp! Ich hab so viel zu tun! Ich bin gestresst!"

Befreie dich von diesen Gedanken! Mache es dir zur Denkgewohnheit immer Zeit zu haben. Sag dir: *„Alles hat seine Zeit und ich erkenne, was jetzt seine Zeit hat. Nur was jetzt seine Zeit hat, ist wichtig!"* So lebst du präsent. So lebst du wirklich. Denn Leben ist nur in der Gegenwart möglich. Stress entfernt euch von der Gegenwart und vom Leben. Du kannst nie etwas versäumen! Dazu ist das Universum zu vollkommen. Du kannst dir nur einbilden etwas zu versäumen und nicht genug Zeit zu haben.

Wenn du glaubst zu wenig Zeit zu haben, so sprich zu dir die Worte und entscheide: *„Ich habe immer genügend Zeit!"* Und du wirst sehen, du hast sie tatsächlich. Es ist deine Entscheidung glücklich zu sein. Es ist deine Entscheidung in Harmonie mit der Zeit zu leben. Du kannst im Stress sein oder die Gegenwart genießen.

Bernd Helge:
Manche Menschen stehen unter ständigem Druck mehr zu erreichen. Ihre Parolen lauten: Karriere, Reichtum, Leistung, Rationalisierung, Gewinnmaximierung, Networking. Für sie muss alles immer schneller und besser gehen. Sie werden von ihren Zielen beherrscht und übersehen dabei die Schönheiten des Augenblicks.

Großer Prinz:
Ein Sprichwort sagt: *Wenn du es eilig hast, so gehe langsam.* Wer viel in Eile ist, wer für sich und seine Lieben wenig Zeit hat, an dem „eilt" das Leben vorüber. Ihr vermeint dies und jenes unbedingt tun zu müssen. Und ihr vermeint, für das, was euch wirklich gut tut, keine Zeit zu haben.

Wie Exupery erzählt, begegnet der kleine Prinz einem Verkäufer für „höchst wirksame, Durst stillende Pillen". Der Verkäufer erklärt dem Prinzen, dass man mit diesen Pillen, nach der Berechnung von Sachverständigen, dreiundfünfzig Minuten pro Woche an Zeit ersparen kann. Denn diese Zeit benötigt man um zum Brunnen zu gehen um Wasser zu holen.

„Und was macht man mit diesen dreiundfünfzig Minuten?" fragt ihn der kleine Prinz.
„Man kann damit machen, was man will..."
„Wenn ich dreiundfünfzig Minuten übrig hätte", sagte der kleine Prinz, „würde ich ganz gemächlich zu einem Brunnen laufen..." [6]

Wie im Roman *„Momo oder Die seltsame Geschichte von den Zeit-Dieben..."* von *Michael Ende* versuchen viele Menschen gierig für sich Zeit und Besitztümer zu gewinnen, indem sie ständig ihren

Geschäften nachlaufen. Doch sie wissen mit ihrer Zeit und ihrem Besitz nichts anderes anzufangen als damit immer mehr und noch mehr Besitz für sich anzuhäufen. Dabei verzichten sie darauf , zu leben was sie sind und vielleicht, wie Momo, anderen Menschen Zeit und Liebe zu schenken.

5. Ziele – Motor des Lebens

Träume leben

Wer seine Träume nicht lebt, der fördert seine Beschränkungen.

Bernd Helge:
Manche sagen, Träume sind Schäume. „Bleib am Boden der Realität!" Doch es gibt immer wieder Menschen, die deswegen besonders glücklich sind, weil sie es wagen ihre Träume zu leben.

Großer Prinz:
Ihr Menschen löst euch leichter aus euren Begrenzungen, wenn ihr von einem besonderen Ziel begeistert seid. Es hat seinen Sinn, dass euer Geist dazu neigt, Wunschbilder über die Zukunft zu schaffen. Große Ziele geben euch Orientierung. Sie wecken eure schlafenden Kräfte und lassen euch neue Wunder entdecken. Sie zeigen euch wie fantastisch und einzigartig ihr seid.

Auch zwischen den Prinzen auf Joya gibt es Unterschiede in der Leidenschaft und Begeisterung, mit der sie ihre Visionen verwirklichen. Wenn ein Joyaner von einem großen Ziel besonders inspiriert ist, so beginnt sein ganzer Körper von innen heraus intensiv zu leuchten. Es ist für uns sehr schön so einem Prinzen zu begegnen. Wir halten uns gerne in der Nähe von solchen Prinzen auf, denn deren inneres Licht schenkt uns Energie für unseren eigenen Weg.

Wünsche

Große Ziele verwirklichen und sich täglich an vielen kleinen Dingen erfreuen, das ist ein hervorragendes Rezept für ein erfülltes Leben!

Bernd Helge:

Was hältst du vom *„wunschlosen Glück?"* Manche sagen, dass gerade dieses ständige Etwas-haben-Wollen und Etwas-erreichen-Wollen uns unglücklich macht? Wie Gautama Buddha sagt, entsteht Leiden durch getrennt sein, von dem, was man liebt und nicht erlangen können, was man begehrt. So ist es das Ideal mancher Mönche und Asketen dem Leid der Welt durch Verzicht auf irdische Bindungen und Freuden zu entkommen.

Großer Prinz:

Ich halte vom „wunschlosen Glück" viel und wenig. Wie schon besprochen benötigt ihr keine äußeren Dinge oder Ereignisse um glücklich zu sein. Das Glück findet sich in der Stille, in eurem Herzen. Das ist die eine Dimension eures Daseins. Dazu gehört der andere Pol und das ist eure Aufgabe im äußeren Leben.

Auf dieser Ebene spielen Träume, Wünsche und Ziele eine bedeutende Rolle. Durch sie verbindet ihr euch intensiv mit dem Leben. Ihr bekommt so die nötige „Bodenhaftung". Auch lernt ihr euch beim Verfolgen der Ziele besser kennen, ihr könnt so ein guter Freund mit euch selbst und der Welt werden.

Allein die Gesunderhaltung unseres Körpers verlangt ständig danach, dass ihr gewisse elementare Bedürfnisse, wie Nahrung und Behausung, also ganz simple „Wünsche", beachtet und befriedigt.

Das Problem sind nicht die Wünsche, sondern ein negativer Umgang mit ihnen. Wer sich zum Sklaven seiner Wünsche macht, wer diese verbissen verfolgt, wer dabei auf die Schönheiten und Freuden des Lebens vergisst, den machen seine Wünsche tatsächlich unglücklich. Wie wäre es, wenn ihr mit euren Wunschbildern etwas leichter umgeht? So kann sich euer Schicksal besser entfalten und ungeahnte Möglichkeiten eröffnen sich.

Träume, Wünsche, Ziele sind für den Menschen der *Motor des Lebens*. Jeder Wunsch birgt auch die Kräfte in sich, die es ermöglichen den Wunsch zu erfüllen. Je größer das Ziel ist, desto mehr Kraft wird dir geschenkt. Große Ziele erweitern dein Bewusstsein.

Deine schlafenden Talente werden geweckt und du entdeckst welch bislang ungeahnte Möglichkeiten das Leben dir bietet.

Kein Pessimist hat je die Sterne entdeckt oder ist zu unbekannten Ländern gesegelt oder hat einen neuen Himmel für den menschlichen Geist geöffnet.
Helen Keller (1880 - 1968 seit Kindheit taub und blind)

Lebensziele

Bernd Helge:
Was sind große erstrebenswerte Ziele?

Großer Prinz:
Seine großen Lebensziele muss jeder selbst herausfinden. Sie sollten auf jeden Fall mit seiner Persönlichkeit, mit seinen Talenten und letztlich mit seinen Träumen im Einklang stehen.

„Große" Ziele müssen nicht sensationell sein. Eine optimale Mutter oder ein bestmöglicher Vater sein; seinen Beruf, eine Arbeit mit vollem Einsatz erfüllen; eine eigene Firma aufbauen; eine Weltreise machen; bis ins hohe Alter körperlich und geistig fit bleiben; ein Buch schreiben; für sich und die Familie bestmögliche Wohnbedingungen schaffen; sich für ein soziales Projekt engagieren; Lebensweisheit erlangen; seine Mitte finden; ein idealer Partner sein... Tausend Möglichkeiten laden ein. Du musst nicht so weiter leben wie du es bisher gewohnt bist!

Bernd Helge:
Viele ängstigen sich vor nachteiligen Folgen, die eintreten könnten, wenn sie versuchen ihre Träume zu leben. Sie verharren lieber im sicheren Unglück, als ein unsicheres Glück zu verwirklichen. Sie verträumen lieber ihr Leben, als ihre Träume zu leben. Das Risiko enttäuscht zu werden schreckt sie ab, ihre Wünsche zu erfüllen, ihr besonderes Leben zu leben.

Großer Prinz:

Es ist immer Zeit für etwas Neues! Wer nicht bereit ist für Neues, an dem geht das Leben vorbei. Denn Leben bedeutet Veränderung. Das Leben gibt dir keine Sicherheiten. Es eröffnet dir nur unzählige Möglichkeiten und das bildet die Schönheit des Daseins.

Viele Schranken, die euch hindern eure Träume zu verwirklichen sind, selbst geschaffen. Ihr denkt, es ist für euch schwer oder unmöglich ein großes Ziel zu erreichen. In Wirklichkeit ist es nur deshalb so schwierig, weil ihr es nicht wagt die nötigen Schritte zu unternehmen.

Lerne das Leben in vollen Zügen zu trinken. *Leben heißt seinen Durst nach Wachstum und Veränderung zu löschen.*

Menschen, die dynamisch und kreativ leben, können dies, weil sie sich von Denkmustern wie: „Das geht nicht!", „Das war schon immer so!", „Ich kann da nichts ändern!" „Was werden die anderen sagen?" befreit haben. Sie sind überzeugt: *„Was ich mir vorstellen kann, das kann ich auch umsetzen!"* Vieles ist scheinbar „unmöglich" und trotzdem machbar!

Fasse Mut, aufzubrechen, anstatt im Käfig des herkömmlichen Denkens zu verkommen! Lebe deine Sehnsucht! Lass dich von Nichts und Niemanden davon abhalten, deine Träume zu verwirklichen!

Tue erst das Notwendige, dann das Mögliche, und plötzlich schaffst du das Unmögliche!

Franz von Assisi (1181 - 1226)

Schnelles Glück oder Glück durch Tun

Bernd Helge:

In Zeiten des materiellen Wohlstandes gibt es immer mehr Leute, die unter Übergewicht und Krankheiten, die damit zusammenhängen, leiden. Sie haben Diabetes, Herz- und Kreislaufprobleme, Allergien ... Andere rauchen und trinken zu viel Alkohol obwohl sie wissen, wie schädlich diese Gewohnheiten sind. Doch diese Gewohnheiten bedeuten für sie auch eine Art Glück, auf welches sie nicht verzichten wollen.

Großer Prinz:

Glücksgefühle werden ausgelöst sowohl durch passiven Konsum als auch durch aktives Tun. Einkäufe aller Art, Essen und Trinken, Fernsehen, Teilnahme an irgendwelchen Festen, Musik- oder Fußballevents und natürlich auch Zigaretten, Alkohol und Drogen verschaffen ein schnelles Glück ohne Anstrengung.

Gegen Vergnügungen, die schnell und fast jederzeit genossen werden können, ist natürlich nichts einzuwenden. Glückliche Menschen sind besonders genussfähig. Sie können sich mit Hingabe an einer guten Mahlzeit, einem Glas Wein, an einem guten Film, einem Konzert, einem Buch erfreuen.

Allerdings verschafft das *Glück durch Tun*, durch Kreativität, Arbeit, Sport, Wandern, Lesen, Lernen durch Hingabe und Dienen wesentlich tieferes und nachhaltigeres Glück als das Glück durch Konsum.

Das „*Tun-Glück*" verlangt jedoch eine gewisse Anstrengung und Geduld. Es ist daher nicht verwunderlich, wenn Menschen das schnelle, passive Glück dem aktiven Glück vorziehen. Der Nachteil des schnellen Glücks besteht darin, dass es genauso geschwind geht, wie es kommt. Flott tritt Gewöhnung und Sättigung ein. Wer nur am schnellen Glück hängt, versucht durch „immer rascher" und „immer mehr" seinen Glückspegel aufrecht zu erhalten. Das wiederum führt zu Suchtverhalten und dieses wiederum führt zu seelischer und körperlicher Erkrankung. Das anfängliche Glück wandelt sich so in Leid.

Wer anhaltendes Glück anstrebt, sollte sich bei seinen Entscheidungen immer wieder fragen: „*Was macht mich dauerhaft glücklich?*"

Epikur, der römische „Glücksguru" meint, es sei notwendig seine Vernunft einzusetzen, um anhaltendes Glück zu erreichen. Deshalb empfahl Epikur Mäßigung bei leiblichen Genüssen. Schließlich leuchtet es ein, dass jemand der zuviel Alkohol trinkt am nächsten Tag mit einem Kater aufwachen wird, dass jemand, der zu viel isst, raucht, keine Bewegung macht, mit Sicherheit früher oder später krank wird.

Um gewünschte Ziele zu erreichen, darf gelegentlich auf süßes Nichtstun verzichtet werden. Du kannst nicht den Genuss einer Bergwanderung auskosten und zugleich zu Hause gemütlich hinterm warmen Ofen sitzen.

Doch eine gute Nachricht habe ich dazu: Wem das *Glück durch Tun* zur Gewohnheit wird, der will darauf nicht mehr verzichten. Aktiv sein wird ihm zur Lust und besonderen Glücksquelle.Wer beispielsweise regelmäßig durch Laufen seinen Körper fit hält, den kann die damit verbundene Anstrengung nicht mehr vom Tun abhalten. Er wird sie im Gegenteil als wichtigen Teil seines Gesund- und Glücklich-Seins genießen.

Rechtes Tun und Nicht-Tun bedarf großer Achtsamkeit. Es gilt eine gute Balance zwischen Tun und Nicht-Tun, zwischen der Hingabe ans Tun und der Hingabe an Besinnung und Einkehr bei sich selbst zu finden.

Einsicht oder Leid

Bernd Helge:
Für Süchtige ist es sehr schwer von ihren negativen Gewohnheiten abzulassen.

Großer Prinz:
Die Befriedigung einer Sucht bedeutet für den Betroffenen ein kleines aber meist unverzichtbares Glück. Deshalb bringt es kaum einen Erfolg, jemanden zu erklären, er soll mit dem Rauchen von Zigaretten aufhören. Da nützt auch der Hinweis auf die gesundheitlichen Folgen nichts. Denn Entsagen tut für die meisten zu sehr weh.

Nur zwei Gründe bewegen den Menschen sich zu verändern und freiwillig einer Sucht zu widerstehen. Es sind dies *Einsicht oder Leid*. Menschen sind manchmal gerne bereit mit dem Rauchen aufzuhören, wenn sie schwer erkranken. Nach einem Herzinfarkt oder bei Lungenkrebs ist auf einmal möglich, was vorher undenkbar war.

Besser ist natürlich der Weg der Einsicht. Allerdings genügt, wie die Erfahrung zeigt, selten das Kopf-Wissen über die schädlichen

Folgen des Rauchens, um damit aufzuhören. Dieses Wissen ist zu schwach, um gegen die Suchtgewohnheit aufzukommen. Der Raucher benötigt erst die Erfahrung, was Glück wirklich sein kann. Er benötigt die Berührung mit sich selbst. Erst der Zugang zu seinem inneren Glück, zu seiner Essenz lässt ihn freiwillig auf das kleine Glück der Zigarette zu Gunsten eines größeren Glücks verzichten.

Willensstärke

> *Nicht weil Dinge schwierig sind, versuchen wir sie nicht,*
> *sondern sie sind schwierig, weil wir sie nicht versuchen!*
> *Seneca (1 - 65 n. Chr.)*

Bernd Helge:

Viele Menschen beurteilen sich selbst als willensschwach und haben keine Zuversicht, dass sie in ihrem Leben Großes erreichen können. Sie fühlen sich nicht ausreichend motiviert um energisch anzupacken.

Großer Prinz:

Veränderung braucht Kreativität und Vorstellungsvermögen. Umso lebhafter du dir deine Ziele ausmalen kannst, desto sicherer wirst du sie erreichen. *Mit einer starken Vision öffnen sich alle Tore!*

Willensstarke Menschen unterscheiden sich von jenen, die gar nicht erst etwas beginnen oder rasch aufgeben, dadurch, dass sie sich für ihre Ziele begeistern. Sie beschäftigen sich gründlich mit ihren Zielen, informieren sich, tauschen sich mit Gleichgesinnten aus, studieren Literatur, visualisieren sich den Erfolg. Durch lebhaften Umgang mit den Zielen wächst die Energie, um die notwendigen Schritte zur Erreichung des Zieles auch tatsächlich zu gehen. Wer sich intensiv mit seinen Zielen beschäftigt beginnt zu brennen. Und dieses Feuer bringt die nötige Leidenschaft um Träume in Wirklichkeit zu verwandeln.

Ihr könnt viele Anregungen im Gespräch oder durch entsprechende Bücher empfangen. Es ist wunderbar sich von der Begeisterung anderer anstecken zu lassen.

Letztlich entscheidend für euren Erfolg ist das Tun, das Schritte-Setzen. *Die Motivation folgt der Aktion!* Wer was tut, wächst mental. Wer etwas tut, bewirkt Veränderung. Wer etwas tut beginnt seiner Kraft zu vertrauen. Tun motiviert zum Tun. Wer nichts tut, bleibt motiviert nichts zu tun.

Du musst schon da sein bevor du angekommen bist.
„Die Möwe Johnatan" Richard Bach (geb. 1936)

Hindernisse

Bernd Helge:
Wer authentisch lebt, wird auf sich schauen, wird das Leben genießen und „die Feste feiern, wie sie fallen". Doch er lebt nicht nur bequem und geht allen Schwierigkeiten aus dem Wege. Ganz im Gegenteil ist derjenige, der mit Leidenschaft seiner Berufung folgt, gerne bereit Anstrengungen auf sich zu nehmen und Hindernisse zu überwinden.

Großer Prinz:
Erfolgreich sein heißt, jeden Morgen aufstehen und nach Mög-lichkeit das tun, was du wirklich willst. Es ist normal, dass ihr dabei dann und wann auf Hindernisse und unliebsame Situationen stößt.
Manche versäumen ihre Berufung und erreichen nicht ihre Ziele, weil sie zu rasch aufgeben. Für den, der seine Ziele und Visio-nen mit Hingabe verfolgt, sind Störungen und Hindernisse ziemlich belanglos. Sie können ihn nicht entmutigen oder gar aufhalten sei-nen Weg zu gehen. Schwierigkeiten können das Leben erst richtig spannend machen. Sie lassen dich deine Talente entfalten und deine Begrenzungen überschreiten. Das gibt ein herrliches Lebensgefühl.

Mit Schwierigkeiten auf dem Weg fertig zu werden, bereitet manchen sogar eine besondere Lust. Es hängt mit dem Bedürfnis des Menschen zu Wachsen zusammen, dass er große Prüfungen sucht. Ein guter, leidenschaftlicher Tennisspieler wird am liebsten gegen einen etwas stärkeren Gegner antreten. Glücksgefühle stellen sich ein, wenn er bis aufs Äußerste gefordert wird, wenn er an und über die Grenzen seines bisherigen Könnens gehen kann.

Hindernisse auf dem Weg können auch ein Zeichen sein. Sie können ein Signal sein. Vielleicht ist das Ziel nicht richtig oder du gehst den falschen Weg. Nur mit einer guten Intuition könnt ihr feststellen, was Hindernisse bedeuten.

Gefordert sein

Bernd Helge:

Manche Eltern versuchen ihren Kindern alle Gefahren und Hindernisse aus dem Wege zu räumen. Das ist eine gute Methode um Kinder lebensuntüchtig und unglücklich zu machen. Kinder und Erwachsene brauchen Herausforderungen. Kinder und Erwachsene benötigen die Möglichkeit Fehler zu machen um daraus zu lernen.

Großer Prinz:

Das spannende am Leben ist, dass immer Achtsamkeit und Einfühlungsvermögen gefragt sind. Überforderung macht krank, Unterforderung ebenso. Überforderung führt zu Stress und Unlustgefühlen. Ebenso löst Unterforderung eine Art Stress, nämlich Gefühle der Langeweile und Inhaltsleere aus. Es ist daher klug auf eine optimale Beanspruchung zu achten.

Ständige Überforderung kann zum so genannten „Burnout-Syndrom" führen. Burnout ist eine moderne Umschreibung von Überbeanspruchung, auf die eure Psyche und euer Körper weisheitsvoll mit Blockaden, Schwächeanfällen und Depression reagiert.

Gegen Burnout gibt es folgende Rezepte:
a. die innere Einstellung zur Arbeit, zu den Anforderungen verändern;
b. weniger tun, mehr Pausen machen;
c. eine andere Arbeit suchen;
d. sich Sinn und Ziele seines Lebens bewusst machen.

Überforderung entsteht dadurch, dass wir

> ➢ unsere Lebensprioritäten nicht geklärt haben;
> ➢ unsere Aufgaben zu ernst nehmen;
> ➢ zu wenig Hingabe und Freude für unsere Arbeit entfalten;
> ➢ uns zu wichtig nehmen und uns als unentbehrlich erachten;
> ➢ nicht delegieren können;
> ➢ nicht „nein" sagen können;
> ➢ Angst davor haben „nicht gut genug zu sein" oder zu versagen;
> ➢ nicht genug Vertrauen in unsere Fähigkeiten haben.

Lebenskunst besteht einerseits darin die anstehenden Aufgaben ernst zu nehmen und sich ihnen mit voller Kraft und Leidenschaft hinzugeben, andererseits dabei nicht auf Leichtigkeit und Humor zu verzichten. Dazu gehört auch, kein Drama daraus zu machen, wenn Ziele nicht erreicht werden. Manche Umwege sind für eure Entwicklung sehr wichtig. Wie bekannt, erhöhen Umwege die Ortskenntnisse!

Loslassen

Bernd Helge:

So ganz einfach ist es wirklich nicht sich im Leben zurecht zu finden. Einmal sollen wir nicht aufgeben und Hindernisse überwinden. Zum anderen sind Hindernisse ein Zeichen dafür, dass wir uns auf einem falschen Weg befinden.

Großer Prinz:

Menschliches Dasein ist immer eine Gratwanderung. Das macht das Leben für euch so spannend. Jede Lebensregel darf im Einzelfall überprüft werden. Es gibt kein Patentrezept um glücklich zu werden, das ihr bloß anwenden müsst und euch ist der Erfolg garantiert.

Zu viel arbeiten ist falsch, zu wenig arbeiten ist falsch. Zu viel essen ist falsch, zu wenig essen ist falsch. Jemandem helfen wollen kann falsch sein, jemanden nicht zu helfen ebenso. Zu viel Nähe gefährdet eine Beziehung, zu wenig Nähe entfremdet. Immer gilt es Verstand und Intuition zu Rate zu ziehen.

Ein Ziel konsequent verfolgen, nicht aufgeben, ist notwendig um schließlich das Gewünschte zu erreichen. Auf der anderen Seite solltet ihr immer flexibel sein und auf die Botschaften des Schicksals achten. Wer zu sehr auf seine Wunschbilder fixiert ist, bekommt unweigerlich Probleme.

Es kann sich immer wieder einmal herausstellen, dass es nicht sinnvoll ist ein Ziel weiter zu verfolgen. Dabei solltet ihr sorgfältig prüfen, ob ihr nur aus Angst, mangelndem Selbstvertrauen, Trägheit oder auf Grund einer sonstigen persönlichen Schwäche aufgeben wollt, oder ob es tatsächlich besser ist, sich für eine andere Möglichkeit zu entscheiden.

Stur nur ein bestimmtes Ziel zu verfolgen macht euch unfrei. Beobachtet sorgfältig, was euch das Leben schenken will. Bleibt immer offen für Alternativen. Vermeidet euch an ein Ziel zu klammern, bleibt beweglich. Achtet darauf, was eure Gefühle sagen. So könnt ihr gelassen euren Weg gehen und darauf vertrauen, dass sich immer das Richtige finden wird. Zwang, Abhängigkeit, Fixierung, Fanatismus widersprechen eurem Glück.

Zum gekonnten Umgang mit Wünschen und Zielen gehört loslassen zu können, wenn es Zeit ist loszulassen, wenn es für dich – aus welchen Gründen immer – richtig ist dein ursprüngliches Ziel zu vergessen. In der Regel hat schon deine Wanderung auf dem Weg zum Ziel, den eigentlichen Sinn aller Ziele erfüllt. Dieser Sinn besteht im persönlichen Wachstum und in der Steigerung deiner Kunst auf allen Wegen, wie immer sie verlaufen mögen, glücklich zu sein.

Der Lohn dafür etwas gut getan zu haben, besteht darin es getan zu haben –
Ralf Waldo Emerson (1803 - 1882)

Misserfolge

Was macht mir der Schiffbruch aus, wenn Gott das Meer ist?

Bernd Helge:

Das Erreichen von Zielen ist eine wunderbare Erfahrung. Erfolg zu haben stärkt unser Selbstbewusstsein. Oft ist es ein Zeichen auf dem richtigen Weg zu sein.

Großer Prinz:

Das Erreichen von Zielen ist ein Geschenk, das sich jeder selbst macht und zugleich ist es ein Geschenk des Schicksals. Das Schicksal ist beim Spiel des Lebens immer unser Partner. Es ist wie bei einem Schachspiel. Du kannst viele gute Züge vorausplanen. Letztlich musst du jedoch das Spiel deines Partners beachten. Und das Leben tut oft das, was es gerne zu tun pflegt: Es überrascht uns! Viele haben heftige Probleme damit, wenn das Schicksal nicht so mitspielt, wie sie es sich ausgedacht haben. Wenn sie dann starr an dem festhalten, was sie sich in ihren Wünschen ausgemalt haben, so machen sie sich unglücklich.

Es kann viele Ursachen geben, weshalb Ziele nicht erreicht werden. Doch wieder geht es um eure Entscheidung, ob ihr beim Verfehlen eines Ziels unglücklich seid oder nicht.

Auch Misserfolge sind Geschenke des Lebens. Durch Misserfolge könnt ihr oft mehr lernen als durch Erfolge. Sie können die besten Wegweiser sein. Durch sie könnt ihr innere Größe, Vertrauen und Durchhaltevermögen gewinnen.

Manche sind traurig oder gar verzweifelt, wenn das Schicksal nicht so spielt, wie sie es sich vorgestellt haben. Doch sie übersehen, dass das Schicksal, die Weisheit des Universums keine Fehler macht. Wer wirklich aufmerksam das Leben beobachtet, kann feststellen, dass sich alle Ereignisse letztlich zum Guten wenden. Wer allerdings verzweifelt an seinen Wunschbildern festhält, hat dafür kein Auge und muss leiden.

*Im größten Unglück liegt die beste Chance für eine glück-
liche Veränderung*

Euripides (480 - 406 v. Chr.)

Die zweite Hälfte des Lebens eines Menschen besteht oft aus nichts anderem als den Gewohnheiten, die er in der ersten Hälfte angenommen hat.

Nossrat Peseschkian (1933 - 2010)

6. Glück und Wachstum

Immerwährendes Wachstum

„Viele kleine Schritte bringen große Wirkung!"

Bernd Helge:

Kann uns ein erreichtes Ziel glücklich machen? Wie lange hält die Freude an? Wartet nicht schon das nächste Ziel? Und so eilen manche von einer Hoffnung zur nächsten, ohne jemals Erfüllung zu finden.

Großer Prinz:

Dem Universum ist es nicht so wichtig, ob ihr eure Ziele tatsächlich erreicht oder nicht erreicht. Es ist ausgelegt auf unendliche Entfaltung, auf nie endendes Wachstum! Deshalb schenkt es euch besondere Freude, wenn ihr lernt über eure inneren Begrenzungen hinauszugehen.

Im Daoismus (chinesische Philosophie und Religion) heißt es: „Der Weg ist das Ziel!" „Dao" bedeutet: „Lehre des Wegs". Diese Lehre sagt: Beobachte den Lauf der Welt und erkenne den Weg! Wer seinen Weg erkennt und in Harmonie mit ihm lebt, der wird zum dauerhaften Glück gelangen.

Nicht das Erreichen von äußeren Zielen macht den Menschen anhaltend glücklich, vielmehr geht es um die Achtsamkeit auf dem Weg. Diese bewirkt inneres Wachstum des Wanderers.

Jeder Baum, jedes Tier, jeder Mensch, ob jung oder alt, braucht Wachstum. Die Natur kennt nur Wachstum oder Sterben. *Wachstum ist Leben, Stillstand bedeutet Tod.*

Wachstum bedeutet Erfolg. Geistig - seelisch zu wachsen ist der größte Erfolg, den wir im Leben erzielen können.

Bernd Helge:

In der Wirtschaft spricht man von der Notwendigkeit des persönlichen „lebenslangen Wachstums". Man hat erkannt, dass es im raschen Wandel unserer heutigen Zeit notwendig ist, sich ständig fortzubilden, um flexibel auf neue berufliche Aufgaben reagieren zu können.

Großer Prinz:

Was in der Wirtschaft gilt, gilt ebenso für ein erfülltes Leben. Euer Glück erfordert niemals endendes Wachstum *in allen Lebensbereichen*:

1. im physischen Bereich (Fitness und Gesundheit des Körpers)
2. im ökonomischen Bereich (Einkommen, Vermögen und Finanzen)
3. im sozialen Bereich (Familie, Freunde, Gemeinschaften)
4. im emotionalen Bereich (positiv denken, Schönheiten wahrnehmen, auf Gefühle achten)
5. im spirituellen Bereich (sich selbst und seine Berufungen erkennen, sinnvoll leben, eins werden mit der Schöpfung, mit Gott)

Das Fundament eines anhaltenden Glücks ist ständiges Wachstum in kleinen Schritten. Ein Baum wird nicht groß und mächtig durch einen gewaltigen Kraftakt, sondern durch tägliches Wachstum.

Wenn ihr jeden Tag in allen Lebensbereichen nur einen winzigen Zentimeter zu wachsen versteht, so ergibt dies in einem Jahr rund dreieinhalb Meter und in wenigen Jahren könnt ihr Unvorstellbares erreichen.

Die fünf Lebensbereiche ergänzen und durchdringen sich gegenseitig. Deshalb sollten sie *alle* fortlaufend, möglichst täglich gepflegt und verbessert werden. Vernachlässigt ihr einen Bereich, so leiden darunter alle anderen.

Kümmert ihr euch nicht um eure Gesundheit, so habt ihr nicht genug Energie. Zu wenig Spannkraft behindert euch im Beruf, belastet eure Beziehungen, stört euer Gefühlsleben und kann eure spirituelle Entwicklung beeinträchtigen.

Ohne Spiritualität, ohne einen höheren Sinn im Leben, verlieren die anderen vier Lebensbereiche an Wert. Ohne Verbindung zum Geist unterliegen Menschen oft einem sinnlosen Macht- und Geldstreben. Eure Liebe, euer Gefühlsleben und euer Köper brauchen einen „Geist", der über das Materielle hinausgeht.

Genauso wichtig sind für die jeweils anderen Lebensbereiche die Förderung eures Gefühlslebens, die Pflege eurer Beziehungen und die Vorsorge (nicht ängstliche Sorge) für eure Finanzen.

Bernd Helge:
Ständig wachsen zu müssen, weil sonst „Stillstand und Tod" uns bedrohen, das klingt etwas stressig!

Großer Prinz:
Es kommt auch beim persönlichen Wachstum drauf an, mit welcher Einstellung ihr an das Lernen und Üben herangeht. Leicht ist jemand geneigt sich als minderwertig zu betrachten, wenn er erkennt wie viel er noch lernen kann. Er schließt daraus, wie schwach und unfähig er sein muss.

Niemand ist perfekt, jeder ist vollkommen! Die richtige Einstellung zum Wachstum lautet nicht: „Ich will fest üben, um irgendwann einmal ein glücklicher Meister zu werden!" sondern: *„Ich bin ein glücklicher Meister, der mit Freude übt!"* Druck und Zwang dienen nicht eurem Glück.

Gute Intuition – Gute Entscheidungen

Der Verstand sucht und das Herz findet.
Nossrat Peseschkian (1933 - 2010)

Bernd Helge:

Unser Leben besteht von früh bis spät aus kleineren und oft auch aus schwerwiegenden Entscheidungen. Wann stehen wir auf? Was ziehen wir an? Welche Aufgaben sind zuerst zu erledigen? Wie löse ich ein Problem? Wie lege ich mein Geld an (so ich eines habe)? Soll ich meinen Job wechseln? Wen wähle ich zum Partner? Soll ich mich scheiden lassen?

Ein Tier braucht sich nicht zu entscheiden. Es folgt in freier Natur seinem Instinkt. Mensch sein bedeutet hingegen ständig Entscheidungen zu treffen. Doch wie treffen wir die richtigen, die bestmöglichen?

Großer Prinz:

Der Instinkt des Tieres entspringt einer Weisheit die viele Jahrtausende an Evolution hinter sich hat. Ein Verwandter dieses Instinkts ist die menschliche *Intuition*.

Alle Entscheidungen sind auf die Zukunft gerichtet. Doch diese Zukunft hat viele Fragezeichen: Wird eine Wohnung, die ich kaufen möchte, morgen noch ideal sein? Wie werden sich meine Nachbarn verhalten? Welche Ausbildung ist für mich richtig? Welche Chancen hat mein angestrebter Beruf? Wie wird sich die Beziehung zu meinem Partner entwickeln? Für welche Mitarbeiter und für welche Investitionen entscheide ich mich als Unternehmer?

Die Ursache nachteiliger Entscheidungen liegt häufig darin, dass ihr euch zu sehr im Kopf, im Verstand bewegt. Der heutige Mensch agiert oft „körperlos". Er hat seine ursprüngliche Verbindung zu seinem Körper, zu seinen Gefühlen, zu seiner Umgebung, zur Natur und letztlich zum ganzen Sein (manche nennen es Gott) verloren. Sein Denken ist isoliert. Nicht er beherrscht und nützt sein Denken, sondern Ängste und alte, eingefahrene Gedankenmuster beherrschen ihn.

Selbst ein klarer Verstand reicht *allein* nicht aus, um für eine Zukunft, die von vielen ungewissen Faktoren bestimmt wird, den optimalen Weg zu finden. Was ihr immer benötigt ist eine gute Intuition.

Mit der Intuition nützen wir die Weisheit des Körpers. Ohne

diese Weisheit könnten wir keine Minute überleben. Die Intelligenz des Körpers lässt unser Herz schlagen, lässt uns atmen, versorgt unsere Zellen mit Sauerstoff, verarbeitet unsere Nahrung und so fort.

Eine Intuition zu haben, bedeutet *etwas zu wissen ohne zu wissen, warum man es weiß.* Die Intuition geht zurück auf einen geistigen Bereich, der hundertmal tiefer und umfassender ist, als es der Verstand jemals sein kann. Die Intuition ist verbunden mit der unvorstellbaren Kraft, die das Universum, die Planeten und alle Lebewesen geschaffen hat und am Leben erhält.

Die Intuition, die *innere Stimme,* wie sie auch genannt wird, hilft euch nicht nur bei Entscheidungen. Durch sie könnt ihr besser euch selbst und eure authentischen Ziele erkennen. Durch sie könnt ihr schneller und besser den Charakter und die Bedürfnisse anderer Personen erfassen. Sie ermöglicht euch schwierige Situationen besser zu durchschauen.

Die innere Stimme

> *Was wir wissen und können ist ein Tropfen. Was wir nicht wissen und können ist ein Ozean.*
> *Isaak Newton (1642 - 1727)*

Bernd Helge
Wie können wir die Intuition am leichtesten empfangen?

Großer Prinz
Bist du schon einmal durch einen dir unbekannten Wald gegangen, in dem kein vorgegebener Weg erkennbar war? Laufend musstest du entscheiden gehe ich links oder rechts, folge ich dieser oder jener Spur, ist es besser eine Lichtung mit viel Buschwerk zu queren oder weiter aussen, unter den hohen Bäumen weiter zu gehen. Wer bei diesem Trip seiner Intuition vertrauen kann, findet leichter seinen Weg und sein Ziel. Wer sich hingegen verloren und ratlos fühlt, der bekommt Angst. Doch Angst behindert den Empfang guter Eingebungen ebenso stark, wie Vertrauen ihren Empfang fördert.

Unser Lebensweg hat viel Ähnlichkeit mit einer Wanderung durch einen unbekannten Wald. Je besser wir mit der Weisheit des Universums verbunden sind, desto sicherer werden wir geführt.

Der Verstand meldet sich in der Regel durch Worte, deren Bedeutung wir gut verstehen. Schwieriger sind die Botschaften der Intuition, die sich in Gefühlen und Bildern äußern, zu begreifen. Deswegen misstrauen viele Menschen ihrer Intuition und verlassen sich lieber auf ihren (nicht immer klugen) Verstand.

Vertrauen in eure Intuition gewinnt ihr vor allem durch „hinhorchen". Lerne auch bei kleinen Entscheidungen immer wieder deine Intuition zu befragen. *„Was sagt mein Gefühl, meine innere Stimme?"* So wird die anfangs sehr leise Stimme der Intuition zu dir immer lauter und deutlicher sprechen.

Das Sprachrohr der Intuition sind unsere Gefühle. Die Gefühle werden durch unseren Körper sichtbar gemacht. Deswegen spielt ein gesunder Körper eine wichtige Rolle beim Empfang der Intuition. Ihr „spürt" beispielsweise Nervosität oder Angst, weil euer Körper auf eine Situation, die ihr als gefährlich einstuft, mit Zittern, Schweißabsonderung, Anspannung durch flache, rasche Atmung reagiert. Wenn ihr euch hingegen wohl und geborgen fühlt, so empfindet ihr innere Wärme, euer Herz schlägt ruhig, euer Atem ist entspannt. Tränen spiegeln Trauer und innere Bewegung. Bei Lust und Freude bringt euer Körper stimulierende Hormone ins Blut und versetzt dieses so in angenehme Wallung.

Ihr sprecht vom *„Bauchgefühl"* weil besonders die vielen Nerven im Bereich des Sonnengeflechtes gut wahrnehmbar auf Vorstellungen reagieren. Bei frischer Verliebtheit oder vor einer großen Prüfung spürt ihr diese Nerven, die wie Schmetterlinge im Bauch flattern.

Wenn ihr eure Intuition befragen wollt, so beobachtet eure Gefühle. Stellt euch zuerst lebhaft vor, ihr trefft eine bestimmte Entscheidung. Nun prüft: Was sagen eure Gefühle dazu, wie spricht eurer Körper? Auf diese Art könnt ihr verschiedene Entscheidungen gedanklich durchspielen und schauen was ihr dabei empfindet.

Um besser die innere Stimme zu hören, ist es vorteilhaft, wenn ihr euch beim Befragen der Intuition in einem möglichst ruhigen und entspannten Zustand befindet. Deshalb gönnt euch Zeit und Ruhe bei wichtigen Entscheidungen.

Besonders günstig ist es, vor dem Einschlafen die Intuition zu befragen und sodann die Lösung dem Schlaf zu übergeben. Im Schlaf seid ihr dem Geist des Universums näher als im Wachzustand. Oft wird euch sodann beim Erwachen die richtige Antwort eingegeben.

Eine wesentliche Voraussetzung um gute Intuitionen zu empfangen ist Vertrauen - Vertrauen in die Welt, Vertrauen zu sich selbst und Vertrauen, dass zur rechten Zeit die richtige Eingebung kommen wird. Hingegen behindert Angst die Verbindung zur Essenz des Lebens, aus der jede Weisheit und Liebe entspringt.

Wenn ihr euch gar nicht entscheiden könnt, so kann dies ein Zeichen sein, dass ihr noch zuwarten sollt, dass die Zeit für eine gute Entscheidung noch nicht gekommen ist.

Zeichen

Bernd Helge:

Den Verstand auszuschalten und sich nur auf das „Gefühl" zu verlassen, scheint mir etwas fragwürdig zu sein!

Großer Prinz:

Wichtig ist es, eine gesunde Balance zwischen der Stimme des Verstandes und der Sprache der Gefühle einzuhalten. Denn Gefühle können euch ebenso in die Irre führen, wie der Verstand. Gefühle hängen oft eng zusammen mit unbewussten Ängsten, Erwartungen, Vorurteilen und Denkgewohnheiten. Ein achtsamer Verstand kann eure Gefühle „reinigen", sodass ihr besser hören könnt, was euer Herz wirklich sagen will.

Einseitiges Vertrauen auf die eigenen Gefühle unter Missachtung logischer Zusammenhänge und nüchterner Fakten ist ebenso bedenklich, wie nur auf die Stimme des Verstandes zu horchen. Verstand und Gefühl sind wie zwei Beine zum Gehen oder zwei Flügel zum Fliegen. Nur wenn beide harmonisch zusammenarbeiten wird ein gutes Werk gelingen.

Neben der Intuition bekommt ihr noch wertvolle Hinweise für harmonische Entscheidungen durch sogenannte *„Zeichen"* von außen. Wenn ein Vorhaben glatt anläuft, wenn ihr gute Unterstützung bekommt, wenn alle Ampeln auf grün stehen, so ist dies meist ein Symbol dafür, dass eure Entscheidung gut ist. Umgekehrt, wenn sich immer wieder neue Schwierigkeiten auftun, wenn die Ampeln auf eurem Weg ständig rot sind, so solltet ihr eure Gefühle (die Botschaften von innen) nochmals überprüfen.

Die Ampeln stehen beispielsweise auf rot, wenn du mit einer bestimmten Person etwas unternehmen willst, diese jedoch nicht erreichen kannst. Du versuchst sie zwei-, dreimal anzurufen. Einmal hebt niemand ab. Ein anderes Mal ist die Telefonleitung besetzt. Das könnte ein Zeichen sein, dass es für dich besser ist, auf die Einbeziehung dieses Menschen in dein Vorhaben zu verzichten. Prüfe in diesem Fall deine Gefühle genau, du wirst die richtige Antwort bekommen.

Zugegeben, es ist gar nicht so einfach die Sprache der Intuition zu verstehen. Doch auch in diesem Bereich macht Übung den Meister.

Wenn jemand mit seiner Lebenssituation nicht zufrieden ist, wenn er zwischenmenschliche, berufliche, gesundheitliche oder sonstige anhaltende Probleme hat, so ist das ein Zeichen dafür, dass er immer wieder falsche, unglückliche Entscheidungen trifft.

Es ist ein Hinweis darauf, dass er in veralteten Denk- und Handlungsgewohnheiten gefangen ist und daher keine Alternativen sieht und nützen kann.

Geheimnis guter Entscheidungen

Großer Prinz:

Wir können zwischen guten und schlechten, zwischen vorteilhaften und nachteiligen Entscheidungen unterscheiden. Ob sie gut oder schlecht sind ist eine Bewertungsfrage. Kein Geschehen findet außerhalb der göttlichen Weisheit statt und so hat auch eine „ungünstige" Entscheidung ihren Sinn.

Wenn sich ein Entschluss im Nachhinein als „unglücklich" herausstellt, so fragt ihr euch gerne verzweifelt: „Warum habe ich so gehandelt? Hätte ich doch..."

Entscheidungen sind Entscheidungen - Punkt. Eine Entscheidung wird erst dann zu einer wirklich „schlechten" Entscheidung, wenn du dich wegen ihr verurteilst und entscheidest unglücklich zu sein.

Eine missglückte Entscheidung hat deshalb auch etwas Gutes, weil du in der Folge etwas lernen und dich verändern kannst. Denn nicht die Entscheidung war das Problem, sondern deine Persönlichkeit. Dein Entschluss war ein Ausdruck dieser Persönlichkeit, die niemals perfekt ist, die sich jedoch entwickeln kann.

Die Entscheidung von gestern ist immer gut, wenn du ihre Folgen heute annehmen kannst, wie sie sind und daraus das Beste machst. Hingegen verhinderst du die guten Früchte, die folgen könnten, wenn du mit deiner Entscheidung haderst, weil dich Zweifel plagen.

Manche Entscheidungen werden erst im Nachhinein zu „schlechten" Entscheidungen, weil ihr nicht genügend Kraft und Hingabe in die Verwirklichung eines Vorhabens einbringt. So wird zum Beispiel die Entscheidung für eine Partnerschaft dann zu einer „schlechten", wenn hinterher nicht genügend Energie, Zeit und Liebe in die Beziehung investiert wird.

Mach dir jedenfalls keine Sorgen um das Ergebnis deiner Entscheidungen. Sei dir immer bewusst: „Das Schicksal macht keine Fehler!" Es ist der Mensch, der denkt und sich Sorgen macht und in Wirklichkeit ist es Gott der mit Liebe und Weisheit euer Schickal lenkt.

Glück und Spiritualität

Denn die Glückseligkeit ist nichts anderes als die Zufriedenheit des Gemüts, die aus der intuitiven Erkenntnis Gottes entspringt.
Baruch de Spinoza (1632 - 1677)

Bernd Helge:

Menschen, die einen Sinn im Leben sehen, die auf etwas Höheres vertrauen, sind wesentlich gesünder und glücklicher. Angeblich gibt es zahlreiche wissenschaftliche Untersuchungen, die das belegen. Vielleicht kannst du näher erklären, was du unter spirituellem Leben, unter spirituellem Wachstum verstehst.

Großer Prinz:

Wenn ihr die sichtbare Welt, die Welt der Formen - zu der auch die Gedanken, Wünsche, Ziele gehören - allein betrachtet, so verursacht dies ein subtiles Gefühl der Angst. Es ist eine Angst die ihr nicht immer wahrnehmt, die jedoch stets latent vorhanden ist. Sie äußert sich gelegentlich durch unerklärliche Niedergeschlagenheit, Energielosigkeit, Nervosität, Gereiztheit, Mutlosigkeit oder durch eine depressive Stimmung. Oft hängt sie zusammen mit der Sorge etwas zu verlieren, Besitztümer, einen geliebten Menschen oder die Gesundheit. Und diese Angst ist bei einseitiger Betrachtung der Welt durchaus berechtigt. Denn ihr werdet spätestens mit dem Tode alles was Form hat verlieren. Von dieser Unruhe könnt ihr euch nur dann befreien, wenn ihr den Gegenpol zur Welt der Formen findet. Der Gegenpol ist die Essenz des Lebens, über die wir noch sprechen werden. Diese Essenz hängt zusammen mit dem, der du wirklich bist, mit deinem zeitlosen, ewigen Sein.

Jesus nennt die Essenz des Lebens das „Reich Gottes". Und er betont, wie wichtig es ist, mit dieser Welt in Verbindung zu treten: *„Suchet zuerst das Reich Gottes und alles andere wird dir hinzugegeben!"* (Luk. 12/31)

Es gibt Leute, für die nur das existiert, was sie sehen, angreifen und mit dem Verstand erklären können. Neben dieser Welt der Formen gibt es noch eine andere Welt. Weil sie keine Form hat, ist sie schwer zu beschreiben. Sie ist unsichtbar und doch nicht leer. Sie ist still und doch nicht ohne Klang.

Das ganze Universum entspringt geistigen Ursachen. Alles was wir wahrnehmen, fühlen ist durch und durch spirituell. Und so ist auch das Glücklich-Sein ein spiritueller Vorgang. Sogar all das Negative, Lebensfeindliche, was der Mensch denkt und bewirkt, beruht auf geistiger Kraft.

Spirituell wachsen, heißt sich des Spirits, der hinter aller Form, aller Erscheinung wirkt, bewusst zu werden. In Harmonie mit euch und der Welt seid ihr dann, wenn ihr Form und Nichtform in eine Balance bringen könnt.

Bewusstes Atmen

Es gibt viele Wege wie man dem Spirit näher kommen kann. Durch Gebet, Meditation, in die Stille gehen. Ein guter Beginn ist die bewusste Atmung. Ihr verbindet euch bei der Beobachtung eures Atems mit eurem Körper und werdet präsent. Und die Präsenz ist das Tor zu eurer Essenz.

Ihr könnt gut beobachten wie durch bewusstes Atmen sich der ganze Körper entspannt. Wenn ihr bei eurem Atem seid, verlasst ihr das zwanghafte Denken. Euer Atem wird ruhiger, gleichmäßiger und tiefer. Beim bewussten Atmen verbindet ihr euch mit dem Geist, der alles durchdringt, mit dem Ursprung des Lebens.

Man wird sagen: Siehe hier ist es oder da ist es! Doch sehet, das Reich Gottes ist inwendig in euch.

Lukas 17,21

Die große Leere

Der große Prinz:

Im Verlauf eines Lebens werdet ihr durch eure Wünsche und Ziele, durch euer Denken und eure Vorstellungen reich beschenkt. Der Gegenpol dazu ist die *„große Leere"*. Alles was ihr gewinnt, wird euch auch wieder genommen und das ist gut so. Das Leben will euch zur großen Leere hinführen.

Schon bei jeder Entscheidung dürft ihr die Leere kennen lernen. Sich für etwas entscheiden bedeutet auf viele andere Möglichkeiten zu verzichten. Die wahre Schwierigkeit bei einer Wahl liegt nicht in der Verbindung mit etwas, sonderen im Verzicht auf das, wofür du dich nicht zugleich entscheiden kannst.

Der Lebenslauf der Menschen zeigt, dass ihr nichts behalten könnt. Eine Ehe, eine Lebensgemeinschaft bringt Wunderschönes mit sich, zugleich bedeutet sie einen Verzicht auf gewisse Freiheiten und darauf, bisherige Lebensgewohnheiten und Interessen wie gewohnt weiter zu verfolgen. Ähnliche Einschränkungen bringen eigene Kinder mit sich. Eigene Kinder sind ein riesiges Geschenk, doch sie erfordern auch viel Zeit, Energie und Aufmerksamkeit. Dann kommt der Zeitpunkt, wo euch die eigenen Kinder verlassen. Sie lassen ein Loch zurück. Ihr vermisst ihr Lachen und Weinen.

Auch euer Partner wird euch eines Tages so oder so verlassen oder ihr werdet selbst gehen. Irgendwann kommt auch der Abschied von eurem Beruf. Schließlich werden sich eure körperlichen Kräfte nach und nach vermindern.

Zurück bleibt immer die Leere. Doch sie sollte für euch nichts Bedrohliches sein. Denn diese Leere führt euch letztlich zu euch selbst, zu dem was euch wirklich frei macht. Sie führt euch zur wahren Fülle des Seins. Erst in der großen Leere könnt ihr euch mit dem verbinden, was allem Sein zugrunde liegt.

Übt deshalb das freiwillige Leer-Werden! Ihr könnt mit ganz einfachen Dingen beginnen, wie zum Beispiel mit wirklichem Zuhören oder mit tiefen Verständnis für andere. Seine Fortsetzung kann das Leer-Werden im Gebet und in der Meditation finden.

Gönne deinem Verstand gelegentlich einen Urlaub! Lerne „Nichtdenken"! Lerne „Vergesstnis" statt „Gedächtnis"! Gehe zuweilen in die Stille. Beobachte deinen Atem, beobachte deine Gedanken. Versuche gedankenfrei zu werden, doch erzwinge nichts. Verbinde dich ganz mit dem *„Hier und Jetzt"*, mit dem, was jetzt in deiner Stille wirkt, mit dem zeitlosen Sein.

Ihr identifiziert euch zu sehr mit eurem Körper, mit eurer Vergangenheit und mit äußeren Ereignissen. Versuche gelegentlich dem auf die Spur zu kommen, was du wirklich bist. Du bist nicht das, was du hast, was sich um dich bewegt, was du denkst... Du bist der Denker hinter dem Denken, der Wahrnehmer hinter der Wahrnehmung, der Fühler hinter den Gefühlen.

Bewusstes Sein bedeutet sich bewusst sein, dass alle Dinge, die gekommen sind, wieder vergehen. Dazu zählen Erfreuliches, Unerfreuliches, Beziehungen, Gedanken, Emotionen, Ärger, Ängste, Erfolge und Tragödien. Was bleibt ist deine individuelle Ausformung der Essenz des Seins.

Mache dir in Zeiten der Stille bewusst: *„Alles Leben ist von höchster Weisheit durchdrungen. Dein Schicksal will immer nur dein Bestes! Hab Vertrauen, dass alles einen Sinn hat. Vertraue darauf, dass sich immer alles zum Guten wendet."*

Bewege dich öfters in der Einfachheit und Schönheit der Natur. Es ist dort leichter dem Sein (Gott) nahe zu sein. Versuche in der Natur ruhig und entspannt nur zu horchen, zu fühlen und präsent zu sein.

7. Angst oder Vertrauen

Sorget euch nicht, betrachtet die Vögel unter dem Himmel,
sie säen nicht, sie ernten nicht, sie sammeln nicht in Scheu-
nen und euer himmlischer Vater nährt sie doch. Seid ihr
denn nicht viel mehr wert als sie?

Mat. 6/ 26

Der Angst ins Auge schauen

Bernd Helge:
    Wie können wir wieder unsere Mitte finden? Weshalb fällt es
uns schwer unseren ureigenen Weg zu gehen?

Großer Prinz:
    Es gibt zwei prinzipielle Einstellungen zum Leben. Die eine ist
geprägt von Angst, die andere von Vertrauen. Diese Einstellungen
bestimmen maßgeblich das Glücklich-Sein.
    Mangelndes Vertrauen ist einer der Hauptgründe, warum
Menschen nicht ihren authentischen Weg gehen und daher nicht
glücklich sind. Was euch hindert euch optimal zu entfalten, neue
Wege zu gehen, eure Träume zu leben, ist vorwiegend begründet in
der Angst vor einem Versagen, in der Sorge zu wenig Geld zu haben,
in der Furcht sich zu blamieren, in der Angst nicht anerkannt und
„Liebkind" zu sein.

    Angst ist in manchen, allerdings sehr seltenen Situationen
sinnvoll und hilfreich. Sie sorgt im Körper für den Ausstoß von Hor-
monen, wie Adrenalin, die Höchstleistungen bei Flucht oder Verteidi-
gung ermöglichen. Angst zu haben war für die ersten Menschen auf
der Erde, die von großen Tieren und feindlichen Stämmen bedroht
wurden, eine kluge Strategie der Natur um zu überleben.

Auch heute noch kann ein Angstgefühl für euch ein nützlicher Hinweis sein, sich in einer Situation vorsichtig zu verhalten. Doch Angst wird zu einem Problem, wenn ihr diesem Gefühl nicht bewusst begegnet. Dazu ist Achtsamkeit gefragt. Mache dir klar, warum du Sorgen hast, was sie bedeuten! Beobachte deine Gefühle, prüfe sie auf ihren Sinn, überlege dir, was zu tun ist und bringe die Sache energisch zu einem Abschluss.

„Unerledigte" Angst wird zu einem ernsthaften Problem. Angstgefühle sollten nicht dauerhaft geduldet werden. Wenn Sorgen nicht so lange angeschaut und bearbeitet werden, bis sie sich auflösen, so wirken sie verhängnisvoll im Unterbewusstsein weiter.

Eine gute Strategie Angst zu „erledigen" ist zu prüfen: *„Was kann im schlimmsten Fall passieren?"* und sich sodann zu sagen: *„Ich will dieses Ergebnis nicht! Ich werde alles Nötige und Mögliche unternehmen um es zu vermeiden! Doch wenn es sein muss, so werde ich es gelassen annehmen und das Beste daraus machen!"*

Auch wild lebende Tiere haben Angst, wenn sie von anderen Tieren oder von Menschen gejagt werden. Das Tier hat allerdings einen großen Vorteil. Es denkt nicht! Es handelt gemäß seinen Instinkten und verweilt nicht bei seiner Sorge. Sobald die Gefahr vorüber ist, beschäftigt es sich wieder mit dem, was ihm eigen ist, mit Futtersuche, Vermehrung, Erholung.

Der Mensch wird rasch ein Sklave seiner Ängste. Er erinnert sich immer wieder an Situationen, in denen er gelitten hat. Sodann projiziert er seine vergangenen Probleme in die Zukunft. Das heißt, er *„macht"* sich Sorgen!

Für den Menschen genügen sogar Erzählungen von Gefahren, damit er Furcht bekommt. Wenn der Lehrer einem Kind droht, dass es eine schlechte Note bekommt und Eltern ankündigen: „Wenn du nicht brav Mathematik lernst, so wirst du die Schule nicht schaffen und du wirst später keinen guten Beruf ausüben und Hunger leiden!" so entstehen im Kind Angst- und Schuldgefühle. Es entwickeln sich Versagensängste, das Selbstvertrauen schwindet, das

Kind beginnt Dinge zu tun, die seinem Wesen widersprechen und nach und nach verzichtet es auf die Verwirklichung seiner ureigenen Ziele und Träume.

Bernd Helge:

Sind Angstgefühle etwas Schlechtes, etwas, das es auf jeden Fall zu vermeiden gilt? Manche Menschen suchen sogar die Gefahr, sie suchen nach Lebenssituationen, in denen sie Angst spüren und überwinden können. Sie genießen Horrorfilme oder lieben die Gefahr bei extremen Bergtouren oder bei Autorennen. Es gibt Jugendliche, für die es „geil" ist, im letzten Augenblick vor einem herannahenden Zug vom Geleis zu springen.

Der große Prinz:

Vorweg gesagt, es gibt keine „schlechten" oder „verwerflichen" Gefühle. Wir dürfen dankbar sein, dass es so eine wunderbare Fülle an Gefühlen gibt, die wir erleben können. Angenehme, „schöne" Gefühle brauchen den Kontrast von unangenehmen Gefühlen. Erst die Polarität schafft die herrliche Vielfalt des Lebens.

Lebenskunst, Glückskunst besteht nicht darin, Angst aus dem Gefühlsregister zu eliminieren, sondern mit ihr bewusst umzugehen. Ängste sind wie Hürden bei einem Hindernislauf in der Leichtathletik oder bei einem Reitturnier. Ängste zu überwinden kann starke Glücksgefühle auslösen. Den Ängsten ins Auge zu schauen und ihre Energie in Lebenskraft zu verwandeln, das macht Sinn. Das schafft Wachstum und Freude.

Wird hingegen Furcht nicht überwunden, blockiert sie euch. Sie behindert eure Entfaltung, macht euch krank und unglücklich.

Wir Prinzen haben die Sorge vor Bedrohung, Verfolgung, die Angst sterben zu müssen oder Bangen um die Zukunft weitgehend hinter uns gelassen. Das bedeutet nicht, dass wir auf Joya nicht auch Gefühle haben, die euren Angstgefühlen ähnlich sind. Auch wir kennen Bedrängnis, Ungewissheit, Risiko und die Möglichkeit mit einem Vorhaben zu scheitern. Auch wir kennen Sehnsucht und ungestilltes Verlangen. Doch wir leben zugleich im Bewusstsein, dass dieses Universum vollkommen ist. Wir fühlen uns geborgen in diesem Universum.

Wir sind durchdrungen von der Erkenntnis: *„Das Schicksal macht keine Fehler!"* Wir wissen, dass letztlich auch unangenehme, schmerzvolle Gefühle Sinn machen, dass sie wichtige Wegweiser sind. Deswegen lehnen wir solche Gefühle nicht ab. Wir wissen sie zu schätzen und verstehen mit ihnen sinnvoll umzugehen.

Tod und Leben

Bernd Helge:

Eine Sorge der sich nur wenige Menschen entziehen, ist die Angst vor dem Älterwerden und die Angst vor dem Tode. Wie denkst du darüber?

Großer Prinz:

Für die Menschen bedeutet der Tod oft etwas Schreckliches, dem sie hilflos gegenüberstehen. Der Tod sollte kein Anlass zur Sorge sein. In diesem Universum kann nichts verloren gehen. Materielle Dinge und ebenso seelisch - geistige Werte können sich nur verwandeln. Das könnt ihr besonders gut beim Wechsel der Jahreszeiten sowie beim Vergehen und Werden der Pflanzen beobachten.

Fröhlich sterben können Menschen, die intensiv gelebt haben. Die großen Denker Sokrates und Seneca sind bereitwillig dem Auftrag zum Selbstmord nachgekommen, denn sie hatten einerseits wirklich „gelebt" und wussten andererseits, was Sterben bedeutet. Wer sein Wesen, seine Fähigkeiten, seine Möglichkeiten ausgelebt hat, dem fällt es leicht zu sterben.

Deshalb wartet nicht zu lange die Fülle eures Lebens auszukosten. Dafür könnte es zu spät sein, wenn der Tod herannaht.

Ihr Menschen dürft auf eurer Wanderung viele Tode erleben. Kindheit stirbt, Wünsche ändern sich, Freundschaften, Beziehungen kommen, wandeln sich und vergehen. Die Schulzeit geht vorüber, eure Berufszeit endet. Alles stirbt und lebt dennoch weiter, so wie die Raupe stirbt und sich zum Schmetterling verwandelt.

Für Manche ist die Ungewissheit, was nach dem Tod kommt bedrohlich. Doch wozu dient die Sorge um das, was morgen sein wird? Bereitet es euch Sorgen, nicht zu wissen, was mit euch war bevor ihr geboren wurdet?

Das Schauspiel von Werden und Vergehen

Großer Prinz:

Es gibt für die Menschen zwei Wirklichkeiten: Die eine ist die Welt der Erscheinungen. Alles was ihr äußerlich wahrnehmen könnt ist vergänglich. Es ist einmal entstanden und vergeht mit Sicherheit. Und alles ist in Bewegung, alles verändert sich ständig. Wie Wissenschaftler festgestellt haben, gibt es keine feste Materie. Jedes Atom besteht zu 99,99999 % nur aus Bewegung, aus Energie. Eure Erde rast gemeinsam mit ihrem Sonnensystem mit 800.000 Kilometern pro Stunde um das Zentrum der Galaxie. Eure Erde und die Sonne verändern sich ständig und sie werden eines Tages aufhören zu existieren. Vom ersten Tag eures Lebens an schreitet ihr dem Tod entgegen. Die rund 50 Billionen Zellen in eurem Körper sterben laufend ab und werden teilweise mit unglaublicher Geschwindigkeit erneuert.

Die Welt der Erscheinungen gleicht dem Geschehen auf einer Theater - oder Opernbühne. Es gibt auf dieser Bühne immer Veränderung, gute und schlechte Menschen, es gibt Liebe und Hass, Reichtum und Armut, Mord, Eifersucht, Feigheit und Edelmut. Diese bunte Fülle gehört zu einem guten Drama, sonst wäre es erschreckend langweilig. Es mag sehr schön sein einem Drama zuzuschauen, doch es ist in der Regel sehr leidvoll in ein Drama verstrickt zu sein. Keiner will wirklich Mörder oder Opfer sein. Deshalb ist es für euch wichtig das so genannte „wirkliches" Leben zu durchschauen.

Neben der Welt des Werden und des Vergehens gibt es eine „Jenseitige Welt". Diese unterliegt nicht den Begriffen von Zeit und Vergänglichkeit. Es ist jene Welt, die ihr ahnungsvoll als Ursprung, Essenz des Daseins oder Gott benennen.

Die überragende Aufgabe des Menschen besteht darin diese beiden Welten, die Welt der vergänglichen Erscheinungen und die Welt hinter der Bühne miteinander in Einklang zu bringen. Erst dann bekommt euer Erdenleben tieferen Sinn und alle Sorgen und Ängste lösen sich auf. Wie ihr aus einer Theatervorstellung heraus gehen könnt und euch bewusst seid, dass alles nur ein Spiel war, so könnt ihr auch vom „wirklichen Leben" einen Schritt zurück treten, Abstand gewinnen und die „übergeordnete" Welt des „ewigen" Seins in euer Bewusstsein einbeziehen.

Die Essenz jedes Menschen

Bernd Helge:
Was nehmen wir Menschen mit, wenn wir durch den Tod gehen?

Großer Prinz:
Die Essenz des Menschen besteht aus derselben „Substanz" wie die Schönheit, Weisheit und Glückseligkeit, von der das ganze Universum getragen und durchdrungen ist. Aus dieser Essenz entspringt eure Fähigkeiten zu lieben, Schönheit zu empfinden, Freude und Geborgenheit zu erleben, kreativ zu wirken.

Ihr seid eine individuelle Ausgestaltung der Liebe und Weisheit des Universums.

Während sich euer Körper, eure Gedanken, eure Gefühle im Laufe des Lebens ständig verändern, ist eure Essenz sehr beständig. Das ganze Leben bleibt ihr grundsätzlich dieselbe Individualität, die ihr als Kind auf diese Welt mitgebracht habt. Die individualisierte Essenz nennt man auch die „Seele" eines Menschen. Diese „Seele" nehmt ihr mit, wenn ihr durch die Pforte des Todes geht. Euren Körper lasst ihr zurück. Er ist dann wertlos, abgenützt, verbraucht. Auch all eure angesammelten Besitztümer, euer Wissen und eure Erfolge könnt ihr nicht über die Schwelle des Todes mitnehmen.

Was ihr mitnehmen könnt ist der Reichtum, den eure Seele durch das Ausleben eurer Persönlichkeit, eurer Fähigkeiten gewonnen hat.

Die Individualität, die ihr auf die Erde mitbekommen habt, ist vergleichbar mit einem Samen. Dieser Samen bestimmt der Anlage nach, was ihr seid und was ihr werden könnt. Aus einem Apfelkern, kann niemals ein Lindenbaum wachsen. Der Apfelkern wird zu einem Apfelbaum. Wenn der Apfelkern in einem guten Boden wächst und gut gepflegt wird, so wird er gut gedeihen und schöne Früchte tragen.

Je mehr ihr euer seelisches Potential verwirklicht, je mehr ihr eure Liebesfähigkeit, eure Fähigkeit Schönheit zu empfinden entfaltet, desto reicher wird eure Seele und umso erfüllter geht sie in das Leben nach dem Tode. Verwirklichte Kreativität, gelebte Freude und innerer Frieden haben unvergänglichen Wert.

Es gibt für jedes Problem eine Lösung!

Bernd Helge:

Das Leben des Menschen besteht aus einer nicht endenden Kette von kleinen und größeren Aufgaben, die es zu lösen gilt. Jede Aufgabe gibt uns die Chance seelisch und geistig zu wachsen. Nicht die Probleme sind das Problem, sondern unsere Einstellung zu ihnen.

Großer Prinz:

Es gibt im Universum Millionen Lösungen ohne Problem, doch es gibt kein Problem ohne Lösung! Darauf könnt ihr vertrauen! Vertrauen führt euch zur Lösung. Angst zieht das Übel an!

Der Student, der sich vor einer Prüfung zu sehr fürchtet, wird gerade wegen seiner Angst geistig blockiert sein. Mit Vertrauen und selbstbewusstem Auftreten wird er die Prüfung gut bestehen. Doch jeder weiß, dass es schwierig ist zu vertrauen, wenn das große Zittern sich bereits eingestellt hat. Deshalb empfiehlt es sich, das „Vertrauen" rechtzeitig zu üben und sich in ruhigen Zeiten mit der Wohltat des Vertrauens auseinander zu setzen.

Wer vertraut, wird zu jeder Aufgabe eine gute Lösung finden. Für kreative Lösungen benötigt ihr vor allem eine entspannte Haltung. Dann fällt es leicht intuitiv die optimalen Antworten auf eure Fragen zu bekommen.

Das Bewältigen von Herausforderungen sollte euch niemals davon abhalten, das Leben zu genießen. Negativ wirken Probleme dann, wenn jemand pausenlos herumgrübelt und denkt: „Ich werde erst dann glücklich sein, wenn alle Probleme in meinem Leben gelöst sind!" Doch leider wird sich dieser Tag niemals einstellen.

Es ist besser, du vertraust auf die Weisheit des Universums und darauf, dass das Leben dich liebt und es gut mit dir meint. Selbst wenn dieser Glaube unsinnig sein sollte, er wird dein Leben dramatisch zum Besseren wenden. Denn entscheidend ist nicht irgendeine „objektive" Wahrheit – die niemand kennt – sondern es geht um *„deine"* Wahrheit, um eine Wahrheit, die dir Kraft schenkt.

Es gibt nur zwei Wege, sein Leben zu leben: Der eine ist, nicht an Wunder zu glauben, und der andere ist, alles als ein Wunder anzusehen.
Albert Einstein (1879 - 1955)

Widerstand gegen das, was ist

Bernd Helge:

Ich kenne viele Leute, die sich das Leben schwer machen, weil sie ständig in Protest, Auflehnung, Konflikt und Kampf leben mit Personen und Ereignissen, die ihnen nicht gefallen. Man erkennt sie daran, dass sie mit sich und der Welt unzufrieden sind und gerne Kritik üben.

Großer Prinz:

Das Geheimnis des Glücks besteht darin, mit den Gegebenheiten des Lebens in Harmonie zu leben, keinen inneren Widerstand dem gegenüber aufzubauen, was hier und jetzt „ist".

Was ist, das ist! Die innere Auflehnung gegen das, was ist, bedeutet einen sinnlosen Konflikt mit dem Sein und mit dem eigenen Schicksal.

Durch Annahme von dem, was gegenwärtig ist, vermeidet ihr Schmerzen, Ärger, Wut und Verzweiflung. Auflehnung gegen das, was ist, schadet nur euch selbst und macht Tatsachen zu einem Übel.

Durch Annahme wird alles, was uns im Augenblick gegeben wird, zum Wegweiser und zum Pfad. So werdet ihr eins mit dem Leben. Und ihr werdet euch sehr wohl fühlen, wenn ihr radikal das gegenwärtige Sein akzeptieren könnt.

Annehmen, was ist, hat nichts mit Resignation oder Passivität zu tun. Es bedeutet nicht untätig zu sein. Im Gegenteil, ihr werdet viel bessere Entscheidungen für die Zukunft treffen können und mehr Energie für wirkungsvolles Handeln, für Veränderung haben, sobald ihr gelassen und ohne Widerstand der Gegenwart ins Auge blicken könnt.

Je eher jemand bereit ist zu dem, was jetzt ist, „Ja" zu sagen, desto leichter kann er auch verstehen, was hinter den Ereignissen wirkt, weshalb zum Beispiel Menschen so handeln wie sie handeln. Er kann besser erkennen, weshalb sich das Schicksal auf diese oder jene Weise entfaltet. Und so erlangt er letztlich die Einsicht und das Vertrauen, dass das Schicksal keine Fehler macht.

Die Prinzen auf Joya kümmern sich wenig um das, was sie stören könnte. Dadurch leben sie nicht im Konflikt mit dem, was ist. Auf diese Weise befinden sie sich in einem Zustand von großer Leichtigkeit.

Natürlich gibt es auch auf Joya Schwierigkeiten und Disharmonien. Ihr Menschen würdet so etwas vielleicht als „Probleme" bezeichnen. Doch wir unterlassen es gegen solche Schwierigkeiten anzukämpfen. Im Gegenteil - wir spielen mit ihnen wie mit einem Blatt, welches der Wind durch die Luft wirbelt und welches wir erhaschen wollen.

Wenn es für uns ein „Problem" gibt, so verspüren wir, dass das Universum auf diesem Weg Neues zum Ausdruck bringen will, dass es im Begriffe ist, uns mit seiner unendlichen Vielfalt neue, überraschende Möglichkeiten des Lebens zu bieten. Ein Problem? – Wunderbar, eine Veränderung steht an!

Wir sind stets davon überzeugt, dass sich alles zum Guten wenden wird. Und so fällt es uns leicht unser Bestes dafür zu geben. So begrüßen wir in jedem Augenblick das Leben, wie es ist, und verbeugen uns vor seiner Schönheit, Vielfalt, Kreativität und Weisheit.

Wenn ihr mit Abstand auf die Ereignisse in eurem Leben zurückblickt, so könnt ihr erkennen, wie wenig eure ehemaligen Ängste und Sorgen berechtigt waren. Bei diesem Rückblick stellt sich in der Regel heraus, dass die Angst das Hauptproblem war und nicht das, wovor ihr euch gefürchtet habt.

Es würde jedem gut tun, wenn er lernt „Ja" zu sagen, zu dem, was ist. Beende den Widerstand gegen Tatsachen! Kämpfe nicht an gegen das, was ist. Je mehr ihr innerlich Gegebenheiten bekämpft, desto mehr gewinnen sie dadurch an Bedeutung und Kraft. Äußere, vergängliche Dinge und Ereignisse erlangen durch Widerstand, Schwere und Festigkeit. Sie belasten und vereinnahmen euch.

Umgekehrt, wenn ihr auch Unangenehmes und Leidvolles annehmen könnt, so verwandelt sich euer Schicksal. Eure Anziehungskraft für Schönheit und Harmonie wird stärker. Auf einmal kommen auch von außen günstige Ereignisse auf euch zu.

Vergeudet nicht sinnlos eure Energie! Wendet euch dem zu, was für euch wesentlich ist! In jeder misslichen Situation kann man etwas Positives finden. Steigt der Ölpreis in den Himmel, so wird der Autoverkehr, der die Umwelt belastet, nachlassen. Umweltfreundliche Energien gewinnen an Boden. Eine persönliche Krise lässt euch auf die wahren Werte des Lebens besinnen.

Was nicht „gut" ist, gibt euch die Chance zu lernen und zu wachsen. So könnt ihr jedes scheinbar negative Ereignis, jede scheinbar unerfreuliche Situation, in gutes Karma, Wachstum und Harmonie transformieren.

„Hör auf zu jammern! Beginn zu leben!"

Das Schicksal macht keine Fehler!

Geh davon aus, dass immer alles gut gehen wird
und dein Leben gewinnt ungeahnt an Schönheit und Fülle.

Bernd Helge:

Ist es nicht menschlich und verständlich, dass Menschen sich unglücklich fühlen, wenn sich etwas ereignet, was sie anders erhofft und erwartet haben. Jemand wird von seinem heiß geliebten Partner verlassen; jemand wird nicht befördert oder verliert seinen Arbeitsplatz; die endlich erlangte Wohnung, stellt sich als Missgriff heraus, weil der Nachbar keine Rücksicht kennt, viel zu laut Musik spielt und Türen zuknallt; jemand erkrankt, kann nicht auf Urlaub fahren und muss das Bett hüten.

„Anzunehmen was ist!" sagt sich sicher leichter, als es zu leben.

Großer Prinz:

Die Wege des Schicksals sind oft schwer zu durchschauen. Wir auf Joya sind zutiefst davon überzeugt, dass letztlich jedes Geschehen von einer göttlichen Ordnung und von einem liebevollem Plan bestimmt wird. Darin haben auch schmerzhafte Naturereignisse und Irrwege ihren Sinn und ihren Platz.

Sicher könnt auch ihr die Schönheit und unendliche Weisheit des Universums erahnen, wenn ihr in der Nacht in die Weite des Sternenhimmels blickt oder wenn ihr im Frühling die Pracht eines blühenden Baumes bestaunen dürft. Kann jemand glauben, dass alle Wunder, die wir auf dieser Erde und auf anderen Sternen vorfinden nur zufällige Produkte sind, die sich aus einem „Urknall" ergeben haben?

Dazu möchte ich die kleine Geschichte vom ungläubigen Barbier erzählen:

Ein Mann ließ sich bei einem Barbier (Friseur) die Haare schneiden und seinen Bart rasieren. Wie das so üblich ist, kamen sie dabei in ein Gespräch über dies und jenes und schließlich ging es um die Frage, ob es einen Gott gibt. Der Barbier sagte: „Der beste Beweis dafür, dass kein liebevoller und allmächtiger Gott existiert, ist wohl die Tatsache, dass es so viel Leid und Elend, so viel Streit, Grausamkeiten und Krieg auf dieser Welt gibt." Der Kunde, der eben rasiert wurde, merkte, dass der Barbier von seiner Meinung felsenfest überzeugt ist und er machte daher keinen Versuch der Widerrede.

Als Haare und Bart geschnitten waren und der Kunde bezahlt hatte, verließ er den Frisiersalon. Doch kurz darauf kehrte er zurück und erklärte dem erstaunten Friseur: „In dieser Straße gibt es keinen Haarschneider!" Der Barbier antwortete: „Was soll der Unsinn, ich selbst hier in diesem Lokal bin doch der Haarschneider in dieser Straße!" Darauf sagte der Kunde: „Nein, ganz sicher gibt es hier keinen Barbier. Schau mal aus deinem Geschäft! Drüben auf der anderen Straßenseite, siehst du den jungen Mann, der dort vor einer Haustüre steht? Schau nur wie lange und ungepflegte Haare er hat und sein Bart wurde sicher schon länger nicht geschnitten!" Darauf erwiderte der Barbier. „Ja was kann denn ich dafür, dass dieser junge Mann nicht zu mir in meinen Laden kommt?" „Siehst du!" sagte der Kunde „Und so ist das auch mit Gott und dem Elend auf dieser Welt!"

Unsere Einsicht in das Wunder des Universums gibt uns viel Kraft und vermeidet Energieverschwendung für sorgenvolle Gedanken, für überflüssiges Sich-absichern-Wollen oder für ängstliches Anhäufen von Besitz.

Selbst das Chaos anerkennen wir Prinzen als einen notwendigen und wichtigen Teil der universellen Ordnung, denn nur aus ihm kann Neues entstehen. Kreativität erfordert Ungewissheit, Turbulenzen, Bewegung, Veränderung. So sind für uns Veränderungen nie mit Missvergnügen oder Sorgen, sondern immer mit froher Erwartung verbunden.

Vieles müsst oder dürft ihr durchleben und könnt nicht verstehen warum es gerade euch trifft. Dann hört man gelegentlich Seufzer des Selbstmitleids: *„Warum gerade ich?"*

Das Leben will vorwärts durchlebt sein. Rückblickend könnt ihr es vielleicht verstehen. Wer nicht im Hader und Selbstmitleid verharrt, kann leichter Einblick in die Fügungen des Schicksals gewinnen.

Wie oft hat sich für euch im Nachhinein herausgestellt, dass das, was ihr vorerst als großes Unglück eingeschätzt habt, ein Geschenk war. Der Mann, in den eine Frau unsterblich verliebt war, und den sie nicht heiraten konnte, hat sich später als depressiver Alkoholiker entpuppt. Durch den Verlust des Arbeitsplatzes wurde endlich die Bahn frei, einen lang gehegten Traum zu verwirklichen. Eine Krankheit gibt jemanden die Chance, nicht lustlos weiter zu wursteln, sondern zu überlegen, was er wirklich will und welchen Weg er für ein erfülltes Leben einschlagen sollte.

Das Schicksal macht keine Fehler! – Und es will immer dein Bestes!

Ich weiß, das ist ein Satz, auf den die meisten Menschen sofort mit Ablehnung und Widerspruch reagieren. Sogleich wird das Argument von den unschuldig leidenden Menschen in Krisengebieten gebracht.

Es ist gut und wichtig, wenn ihr mitfühlen könnt mit Menschen, die in Not sind und ihnen helft, soweit es für euch möglich und richtig ist. Doch es ist nicht euer Job darüber nachzudenken, ob das Karma bei irgendwelchen Menschen richtig funktioniert und ob es auch für diese Menschen eine höhere Gerechtigkeit gibt.

Du und jeder andere Mensch haben ihr Päckchen zu tragen. Da gibt es keine Ausnahme. Niemand wird vom Schicksal vorgezogen. Oft sind die finanziell ärmsten Menschen, diejenigen, die viel mehr Freude und Heiterkeit leben als diejenigen, die durch Reichtum und Berühmtheit hart geprüft werden.

Konzentriere dich auf deinen Weg, auf deine Berufung, auf das, was du anderen und dir schenken kannst. Lauf nicht vor dir weg, indem du über die Ungerechtigkeit der Welt jammerst und sie womöglich verbessern willst. Kehre vor deiner eigenen Tür. Erst wenn du mit dir und deinem Schicksal im Reinen bist, wirst du fähig sein, zum Fortschritt der Welt beizutragen. Und dein erster und wichtigster Beitrag sollte sein, glücklich zu leben und dieses Glück auszustrahlen.

Verantwortlich sein

Es gibt kein wirkliches Versagen, sondern nur Ergebnisse;
Keine Tragödien, sondern nur Lernstunden;
Keine Probleme nur Möglichkeiten, die als Lösungen
erkannt werden wollen.

Der große Prinz:

Für uns auf Joya ist es keine Frage, dass jeder einzelne von uns für sein Schicksal verantwortlich ist. Wir machen ebenso wie ihr hier auf der Erde Fehler und müssen uns den Folgen stellen. Und wir dürfen ebenso Gutes ernten, wenn wir entsprechende Saat ausgeworfen haben. Jeder Prinz spürt, sieht und erlebt unmittelbar, wie er selbst für alles, was ihm begegnet, die Ursachen gesetzt hat. Das gibt uns ein wunderbares Gefühl von Verantwortung, Freiheit und Geborgenheit.

Wir Prinzen können uns nicht Sorgen machen, ob wir „zufällig" krank oder gesund sein werden, ob wir „zufällig" dies oder jenes erlangen. Denn es gibt für uns keine Macht außerhalb von uns selbst, die unser Wohlergehen oder das Erreichen von Zielen gefährden könnte. So existiert für uns keine Angst, etwas könnte sich in unserem Dasein ereignen, was wir nicht zuvor bewirkt haben.

Alles, was sich für den Einzelnen ereignet, hat er zuvor irgendwann einmal bewusst oder unbewusst gewollt. Nicht nur unsere bewussten Entscheidungen und Handlungen bestimmen unser Schicksal, sondern jede Bewegung unseres Denkens hat Folgen. *So zieht das Denken wie ein Magnet all das an, dem wir starke Aufmerksamkeit schenken.* Das gilt für unsere Sorgen und Ängste ebenso, wie für unser Vertrauen in die wunderbaren, für uns bestimmten Schätze des Daseins.

Wir Prinzen haben genauso wie die Menschen unsere Aufgaben und Prüfungen. Jeder hat seine besonderen Entwicklungsschritte zu gehen. Wir wissen, dass wir nicht besser oder überlegener sind als andere Wesen im Universum. Ihr geht euren Weg, wir den unseren und das ist gut so. Auch für uns Prinzen gibt es, so wie für das ganze Universum, keinen Stillstand in der Entwicklung. So wie ihr auf der Erde müssen oder besser gesagt dürfen wir seelisch weiter wachsen, wenn wir nicht Schwierigkeiten bekommen wollen.

Eine schöne Gemeinsamkeit haben wir jedenfalls mit euch Menschen, nämlich dass für jeden Einzelnen von uns und euch das Tor zum Glück immer offen steht. Das Bedürfnis nach Glück und die Gesetze des Glücks haben sich in den letzten Jahrtausenden kaum verändert. Glücksgefühle wie Freude, Liebe, Geborgenheit, Vertrauen und Schönheitsempfinden sind die göttliche Ursubstanz allen Lebens seit vielen Millionen Jahren und werden es auch noch bis in unendliche Zeiten sein.

Wir Joyaner vertrauen dem Universum und erkennen zugleich unsere Freiheit und Mitverantwortung im Rahmen dieser großen, wunderbaren Welt.

Jedes Schicksal ist getragen von göttlicher Liebe. Karma funktioniert nicht nach dem Motto von Aug um Aug und Zahn um Zahn. Es unterliegt zwar dem Prinzip von Ursache und Wirkung, doch zugleich steht uns das Schicksal wie ein Schutzengel fürsorglich bei. Dieser Engel führt uns entsprechend unseren Entscheidungen zu angenehmen oder weniger angenehmen Erfahrungen. Doch letztlich gelingt es ihm immer uns heil durch manchen Irrgarten, den wir selbst geschaffen haben, zu geleiten.

Leichtigkeit

Bernd Helge:

Es heißt unser Glück sei davon abhängig, mit welcher Brille wir die Welt betrachten.

Großer Prinz:

Geld, Grundstücke, Häuser und sonstige Dinge haben für eure Wahrnehmung, für euer Empfinden, eine intensive, teilweise magisch fesselnde Stofflichkeit. Das bewirkt, dass ihr euer Denken und Handeln und letztlich euer Glücklich-Sein gerne diesen Objekten unterwerft.

Teilweise erfreut ihr euch an materieller Stofflichkeit, andererseits belastet sie euch. Für uns hat Materie eine andere Wirkung und Bedeutung. Sie ist für uns nur eine mögliche Erscheinungsform von Geist, sozusagen kristallisierter Spirit. Geist und Materie stehen in einem ähnlichen Verhältnis zueinander wie unsichtbares Wasser in mäßig feuchter Luft und konzentriertes Wasser, welches wir in verschieden festen Zuständen in Wolken, Regen, Schneekristallen, in Flüssen oder Seen oder gar ganz erstarrt in der Form von Eis beobachten können.

Wir empfinden Materie nicht als schwer und undurchdringlich. Sie kann uns nicht auf die Art in ihren Bann ziehen, wie das bei euch der Fall ist. Wir nutzen ihre Möglichkeiten, doch unser Glück ist nicht von ihr abhängig.

Wir auf Joya haben einen spielerischen Umgang mit Materie. Sie ist für uns nicht so wichtig wie für viele Menschen. Für uns haben Schönheit, Liebe, Freude und Geborgenheit einen höheren Stellenwert. Sie sind für uns so „real" und jederzeit „sichtbar", wie es materielle Dinge für euch sind und es ist uns sehr wichtig mit diesen „Dingen" immer in Verbindung zu stehen. Ihr Menschen hingegen verliert leicht euer Glück aus den Augen, weil materielle Dinge für euch allzu wichtig sind.

Deshalb streiten wir uns auch nicht um Besitz oder versuchen mehr davon an uns zu raffen, als wir benötigen. So besteht auch keine Gefahr, dass durch die Gier des einen andere in Not geraten.

Der einzige, der euch in Not bringen kann, ist jeder selbst. Denn euer Unterbewusstsein realisiert sowohl eure Ängste als auch euer Vertrauen. Erwarte stets das Beste vom Leben und es wird sich so ereignen.

Sammelt euch nicht Schätze hier auf der Erde, wo Motte
und Wurm sie zerstören und wo Diebe einbrechen und
sie stehlen, sondern sammelt euch Schätze im Himmel,

wo weder Motte noch Wurm sie zerstören und keine Diebe einbrechen und sie stehlen. Denn wo dein Schatz ist, da ist auch dein Herz.

Mat. 6,19

Hoffnungslos?

Bernd Helge:

Saint-Exupéry beschreibt im „Kleinen Prinz" die Kraft der Liebe und die Kraft des Vertrauens. Exupéry hat nach seiner Notlandung in der Wüste den letzten Tropfen seines Wasservorrates getrunken und sieht seinem Tod durch Verdursten entgegen. Der kleine Prinz sagt dazu, dass auch er Durst habe und macht den Vorschlag einen Brunnen zu suchen.

„Ich (Exupéry) machte eine Gebärde der Hoffnungslosigkeit: Es ist sinnlos, auf gut Glück in der Endlosigkeit der Wüste einen Brunnen zu suchen." [7]

Doch der kleine Prinz vertraut der Schönheit der Wüste und seiner Liebe zu ihr. Und so machten sich beide auf die Suche.

„Es macht die Wüste schön" sagte der kleine Prinz, „dass sie irgendwo einen Brunnen birgt." [8]

Und tatsächlich fanden die beiden am nächsten Tag einen Brunnen...

In jeder Lebenssituation, und mag sie noch so hoffnungslos und zum verzweifeln sein, gibt es einen „Brunnen". Wir müssen nur darauf vertrauen und bereit sein, ihn auch zu suchen.

*Nichts verwickelt uns mehr in Schwierigkeiten, als unsere
Neigung sich nach dem Gerede der Leute zu richten, das
heißt: Immer für das Beste zu halten, was am meisten Bei-
fall findet*

Seneca (1 - 65 n. Chr.)

8. Anerkennung, Neid und Eifersucht

Sucht nach Anerkennung

Bernd Helge:

Eine der Hauptursachen für „unglücklich sein" ist die Abhängigkeit von Lob und Anerkennung durch andere. Dafür unterwerfen
wir uns den Wünschen von anderen, machen Dinge, die uns keine
Freude machen, dulden Menschen in unserer engeren Umgebung,
mit denen wir eigentlich nicht zusammen sein wollen, arbeiten mehr
als gesund und notwendig ist.

Wie grotesk die Sucht nach Anerkennung sein kann, schildert
die Begegnung des „kleinen Prinzen" mit dem „Eitlen".

*„Bewunderst du mich wirklich sehr?" fragte der Eitle den klei-
nen Prinzen.*
„Was heißt bewundern?"
*„Bewundern heißt erkennen, dass ich der schönste, der bestan-
gezogenste, der reichste und intelligenteste Mensch des Pla-
neten bin."*
„Aber du bist doch allein auf deinem Planeten!"
„Mach mir die Freude und bewundere mich trotzdem!"
*„Ich bewundere dich", sagte der kleine Prinz, indem er ein biss-
chen die Schultern hob, „aber wozu nimmst du das wichtig?"*
Und der kleine Prinz machte sich davon.[9]

Es ist uns wichtiger wie andere über uns denken und reden, als welche Meinung wir selbst von uns haben und wie wir mit uns selbst zurechtkommen. Wie können wir uns aus diesen Fesseln befreien?

Großer Prinz:

Neben dem Bedürfnis zu überleben, dass heißt genug zum Trinken und Essen und ein Dach über dem Kopf zu haben, hat der Mensch einen unglaublich starken *Trieb von seinen Mitmenschen anerkannt und respektiert zu werden.* Sein Glück hängt in einem hohen Maße davon ab, ob er von anderen beachtet, gelobt oder ignoriert, kritisiert oder gar verurteilt wird. Der Erdenmensch hat sich in manchen Bereichen nur wenig von den Urinstinkten seiner Vorfahren, der Affen und ersten Menschen lösen können. Eure Vorfahren waren Gruppenwesen, deren Überleben davon abhängig war, dass sie als Mitglieder der Gemeinschaft anerkannt wurden. Es kam einem Todesurteil gleich, wenn ein Mensch aus der Gemeinschaft ausgeschlossen wurde, allein jagen musste, sich allein gegen große Raubtiere oder feindliche Stämme schützen musste.

Auch war es von großer Bedeutung, welche Rolle der einzelne Mensch in der Hierarchie der Gruppe einnehmen konnte. Die stärksten Mitglieder waren bei der Nahrungsversorgung begünstigt. Schwächere mussten niedrige und unangenehmere Arbeiten leisten. Und natürlich wurden die stärksten und schönsten Menschen bei der Paarung bevorzugt. Wie bei den Affen und anderen Rudeltieren durfte in der Regel nur das stärkste männliche Gruppenmitglied die Frauen begatten um so den optimalen Fortbestand der Gruppe zu sichern.

Es ist ein natürliches Bedürfnis, von anderen Menschen geliebt und anerkannt zu werden. Zu einem Problem wird dieses Bedürfnis, wenn dahinter Angst steht und zwar die absolut nicht zeitgemäße Urangst in höchster Gefahr zu sein, wenn man nicht als zur Gemeinschaft zugehörig anerkannt wird.

Ihr seid heutzutage nicht von wilden Tieren und in der Regel auch nicht von gefährlichen feindlichen Menschengruppen bedroht. Zu Beginn der Menschheit gab es wenige hundert Gruppen von

Menschen, die auf einem riesigen Territorium als Sammler und Jäger umherstreiften. Heute gibt es Milliarden Menschen auf der Erde. Einen Partner, einen Freund zu finden, einer Gruppe zuzugehören ist keine Kunst, denn tausende Menschen und Gruppen rings um euch bieten sich dafür an. Es liegt nur an euch die passenden Freunde auszusuchen und die für euch unpassenden sein zu lassen. Es besteht daher keinerlei Grund bei Kritik, Missachtung oder Ablehnung zu verzweifeln, tödlich verletzt und unversöhnlich beleidigt zu sein oder sich zu grämen und zu ärgern.

Lerne deinen eigenen Wert zu erkennen. Lerne dich selbst zu lieben, zu dir selbst zu stehen, in dir selbst zu ruhen. Das ist das beste Mittel um nicht mehr „in" sein zu müssen, um seinen authentischen Weg zu gehen.

Mit der Sucht bestätigt zu werden, hängt auch die Ausgrenzung und Bekämpfung von Menschen zusammen, die anders denken, die nicht derselben Rasse oder Nation angehören, die sich nicht zur selben Glaubensgemeinschaft bekennen.

Mangelndes Vertrauen zum eigenen Wert, seinen Selbstwert aus der Zugehörigkeit zu einer Gruppe beziehen zu wollen, sinnloses Machtstreben das ist der Boden für Intoleranz, Streit, Hass und Krieg.

Menschen erwarten sich Belohnungen aller Art, wenn sie sich der Gesellschaft möglichst anpassen. Es mag sein, dass dadurch tatsächlich gewisse Vorteile erreicht werden können. Doch der Preis dafür ist hoch. Ihr verzichtet dadurch auf eine hohe Achtung vor euch selbst. Ihr verzichtet darauf eure wirklichen Träume und eure Fähigkeiten auszuleben. Ihr verzichtet auf viel Glück.

Sich mit anderen vergleichen

Bernd Helge:

Mit der Urangst, nicht oder zu wenig anerkannt zu werden, steht wohl die Gewohnheit in Verbindung, sich mit anderen zu vergleichen. Wir machen unser Glück davon abhängig ob es uns besser oder schlechter geht als anderen.

Großer Prinz:

Dinge miteinander zu vergleichen ist ein wichtiges Werkzeug um die Welt zu erkennen und auch um sich selbst in diese Welt einzuordnen. Deshalb ist es ganz natürlich, dass ihr euch mit anderen Menschen vergleicht und damit Unterschiede und eure Eigenheiten erkennt.

Das Vergleichen wird dann zu einem Problem, wenn ihr nicht nur neutral Unterschiede feststellt, sondern beginnt euch dabei entweder runter zu machen oder euch als wertvoller und besser als andere einzustufen.

Viele neigen dazu sich beim Vergleichen als schwach, nicht schön genug, fehlerhaft, sündig ... einzustufen, statt auf die eigenen besonderen Werte zu achten und zu erkennen: *„Wir alle sind Geschöpfe Gottes, und dass ich so bin, wie ich bin, ist wunderbar und hat seinen Sinn. Ich mache das Beste aus meinen Talenten und werde meinen einmaligen Weg gehen und dabei glücklich sein!"*

Menschen verschwenden viel Energie um „besser", „schöner", glücklicher und reicher zu sein als die anderen. Manche rackern sich ab, um sich *Dinge leisten zu können, die sie nicht brauchen, um damit anderen Menschen zu imponieren, die sie nicht mögen.*

Neid, Eifersucht und damit verbunden Streit sind die Folge. Die Menschen sind nicht glücklich mit dem, was sie haben, denn sie finden immer jemanden der scheinbar oder tatsächlich mehr hat. Sie beneiden andere Leute um ihr Glück in der Liebe, schmücken sich in ihrer romantischen Phantasie aus wie herrlich und wunderbar die Beziehungen sind, die andere leben dürfen, ohne eine Ahnung zu haben was tatsächlich in der Partnerschaft anderer abläuft. Sie malen sich aus wie herrlich es wäre, ebenso viel Geld und Besitztümer wie andere zu haben, ohne zu begreifen wie unbedeutend der Zusammenhang von Reichtum und Glück tatsächlich ist.

Manche möchten die berufliche Position von anderen Menschen innehaben, ohne zu erkennen, dass ihr persönliches Schicksal sie genau dort hingeführt hat, wo sie am besten an der Entfaltung ihrer Persönlichkeit arbeiten können.

Äußere Verhältnisse bilden sich immer entsprechend der inneren Reife, entsprechend der Realität, die wir in uns tragen. Wer Neid hat, wird Mangel empfinden und die äußere Welt wird seinen Glauben an Mangel bestätigen. Wer glücklich und zufrieden ist, lebt hingegen in der Fülle, die sich zwangsläufig auch um ihn herum manifestieren wird.

Durch „Sich-Vergleichen" verlieren viele ihren eigenen Weg, ihre eigenen Visionen aus den Augen. Sie sind mehr mit dem, was andere haben, wie andere sind, beschäftigt, als mit sich selbst. Das verschafft ihnen ein Gefühl der Verlorenheit und der Minderwertigkeit.

Freude und Glück kann jeder nur in sich selbst finden. Nur in sich kann jeder seine einmalige Berufung und seinen ureigenen Lebenssinn entdecken.

Wer sich für glücklich hält, weil ihm das Schicksal heller lächelt als dem anderen, dem ist das wahre Glück noch gänzlich unbekannt.
Baruch Spinoza (1632 -1677)

Schuldgefühle

Niemand ist schuldig oder sündig! Schuldgefühle und Gewissensbisse sind vielleicht eine gute Anregung, um Fehler nicht zu wiederholen oder um etwas gut zu machen, was du vielleicht nicht bestens getan hast. Doch niemandem steht es zu sich zu verurteilen. Fehler sind Wegweiser zum Erfolg. Nur wer nichts tut macht keine Fehler. Erkannte Fehler sind sinnvolle Lernhilfen.

Lass dir von niemandem, von keiner Institution und vor allem nicht von dir selbst Schuldgefühle aufdrängen, die dich klein und gefügig machen sollen!

Verweile nicht bei dem, was gestern war! Du hast einen Fehler gemacht – OK. das war. Wenn du gestern so klug gewesen wärest, wie du heute bist, hättest du den Fehler nicht gemacht. Also was soll`s?

Vergessen können ist das Geheimnis ewiger Jugend. Wir werden alt durch Erinnerung.
Erich M. Remarque (1898 - 1970)

Neid und Eifersucht

Neid zerstört nicht nur die Freude, an dem was du besitzt, sondern auch an dem, was du *bist!* Neid beeinträchtigt deine Fähigkeiten. Neid macht dich hässlich. Neid ist zerstörerisch – zerstört dich selbst.

Freude über das Glück und den Erfolg anderer macht dich glücklich. Neid verkennt, dass dein Wert nicht abhängig ist vom Wert oder Unwert anderer.

Neid macht dich erfolglos! Denn du programmierst deinem Unterbewusstsein ein, dass du nicht erreichen kannst, was andere erreicht haben. Deshalb ziehst du Misserfolg magisch an und dein Schicksal führt dich zu Situationen, die deinem Neid immer neue Nahrung geben.

Wenn du jemand anderen um sein Glück beneidest, so frage dich einmal ernsthaft, ob du bereit bist mit ihm in allen Belangen zu tauschen. Willst du wirklich seine Familie, seine Gefühle, seinen Körper, seine Gedanken, seine Freunde, seine Erinnerungen, sein Schicksal haben – würdest du vollständig tauschen, auf dich total verzichten um ein Anderer zu sein?

Frage dich auch: Was weißt du wirklich über das innere Glück und Leid eines anderen?

Ihr träumt vom Glück der anderen und lebt nicht das eigene.

Wie *Seneca* sagt, ist derjenige glücklich, der sich dafür hält. Wenn du dein Glück erkennst, wenn du dein einmaliges Dasein als unglaubliches Geschenk beurteilst, so wirst du glücklich leben. Wer hingegen sich bedauert, nur das „Schlechte" sieht, der entscheidet sich für das Unglück. Glück ist immer ein Urteil, eine Entscheidung, die du selbst zu treffen hast!

Eifersucht in Beziehungen bedeutet Angst vor Verlust. Wenn die Eifersucht berechtigt ist, weil sich der andere von dir abgewandt hat, so kommt deine Sorge zu spät. Sie wird dir sodann nur schaden und dich bei deinem Glück behindern. Oft ist es so, dass zuerst Eifersucht dich hässlich macht und in der Folge wirst du von der geliebten Person und schließlich vom Glück verlassen.

Wenn du jemand anderen nicht gönnst, auf seine Weise zu leben, auf seine Weise glücklich oder weniger glücklich zu werden, so liebst du mehr dein Ego als den anderen. Der Eifersüchtige liebt sich zu wenig und ist daher übermäßig auf die Zuneigung des anderen angewiesen. Wer sich selbst liebt, richtet den Fokus auf das, was schön ist in dieser Welt, unabhängig davon, ob er es besitzen kann oder nicht.

Mach dir klar, dass du auf niemanden Anspruch hast. Lebe was du bist und alles, was deines ist, wird dir auch zukommen.

Sich frei machen von Eifersucht bedeutet zwar den anderen so anzuerkennen und zu respektieren wie er ist, es heißt aber nicht, still zu leiden und zu ertragen, wie sich dein Partner verhält. Erkenne, was für dich richtig ist, sprich es klar, ohne zu jammern und ohne Schuldvorwürfe gegenüber deinem Partner aus und ziehe nötigenfalls die Konsequenzen.

Glücklich ist nicht, wer anderen so vorkommt, sondern wer sich selbst dafür hält.

Seneca (1 - 65 n. Chr.)

Sich eins fühlen

Bernd Helge:
 Gibt es auch auf Joya Eifersucht, Gut-Dastehen-Wollen, Konkurrenzdenken?

Großer Prinz:
 Die Joyaner beschenken sich gerne gegenseitig, indem sie zum Ausdruck bringen, was ihnen am anderen gefällt. Der andere freut sich über die Wertschätzung, doch er weiß, er ist deswegen nicht besser oder schlechter als zuvor.

Ein Prinz hütet sich davor in der Gegenwart oder auch in der Abwesenheit einer Person negativ über diese zu sprechen. Denn er würde sich dabei selbst verletzen. Er würde sich selbst herunterziehen, er würde sofort an Leuchtkraft verlieren und eine graue Körperfarbe annehmen.

Auch auf der Erde verletzen sich Menschen selbst, wenn sie über andere negativ denken oder sprechen. Wer genau auf seine Gefühle achtet, merkt wie er mit abfälliger Kritik sich selbst negativ beeinflusst, wie dabei seine Energie absinkt.

Doch die meisten verdrängen diese Gefühle durch die fragwürdige Lust über den anderen urteilen zu können und sich damit über diesen zu erheben.

Obwohl jeder Prinz eine ausgeprägte Individualität hat, fühlt er sich nicht so stark als getrenntes Einzelwesen wie der Erdenmensch. Wir wissen, wenn es dem anderen gut geht, so geht es auch mir gut. Für den Joyaner endet sein „ich" nicht mit seiner Haut, seinem Körper, sondern er spürt eine starke Einheit mit seiner Umgebung. Er spürt, ohne Joya gibt es keinen Himmel, ohne Himmel keine Wolken, ohne Tal gibt es keinen Berg. Alles in unserem Universum gehört zusammen. Jeder ist Teil eines großen Ganzen.

Wir Prinzen haben neben der Wahrnehmung, wie sie die Menschen haben, mit Augen, Ohren, mit dem Tastsinn, mit dem Geruchsinn auch noch andere Sinne, die beim Menschen nur sehr schwach ausgebildet sind. Insbesondere können wir deutlich wahrnehmen, in welcher Stimmung sich ein anderer Prinz befindet. Wir spüren, ob von einer anderen Person im Moment eine kraftvolle, dynamische Schwingung oder eine besinnliche oder eine hingebungsvolle ausgeht.

Auch ihr Menschen erkennt die Seelenstimmung eines anderen, insbesondere über den Klang der Stimme oder durch seine Körpersprache.

Wenn wir Prinzen unseren Fokus auf die Schwingung einer Person lenken, können wir intensiv im eigenen Körper dieselbe Stimmung verspüren. Damit verbunden verändert sich unsere Körperfarbe und gleicht sich derjenigen Person an, von der wir gerade die Schwingung aufnehmen. Auf diese Weise sind wir Joyaner untereinander sehr innig verbunden.

*Glücklich-Sein beginnt mit der Liebe zu sich selbst. Wer
sich nicht liebt, dem fällt es schwer andere zu lieben.
Wer sich und die Welt nicht liebt ist verständlicher Weise
unglücklich.*

9. Sich selbst lieben

Selbstliebe

Bernd Helge:

In der Abhängigkeit von Lob, Anerkennung und Zuneigung
anderer, sind wir bereit uns selbst zu verleugnen. Wir untergraben
dabei unser Selbstwertgefühl. Und je weniger wir Hochachtung vor
uns selbst haben, je weniger wir uns wertschätzen, desto weniger
wagen wir zu leben, was wir wirklich wollen, was wir wirklich sind
– ein verhängnisvoller Kreislauf.

Großer Prinz:

Das Interessante dabei ist das Phänomen, dass ihr durch die
Fixierung darauf, anderen zu gefallen, letztlich genau das Gegenteil
erreicht. Die meisten Menschen haben ein feines Gespür, ob jemand
authentisch lebt oder nicht. Manche wissen euch auszunützen, doch
zugleich verlieren sie den Respekt vor euch und schätzen euch umso
weniger, je mehr ihr ihnen dienstbar sein wollt.

Wer mit sich selbst im Unreinen ist, der hat es natürlich schwer
sich anzunehmen wie er ist. Er neigt dazu sich selbst zu kritisieren
und zu verurteilen. Der nächste Schritt besteht darin sich permanent
schuldig zu fühlen, weil man vermeintlich oder tatsächlich etwas
falsch gemacht hat, wobei diese Fehler gerne überbewertet werden.
Wie an anderer Stelle erwähnt, ist Fehler machen etwas Natürliches.
Irrwege sollten der Selbsterfahrung dienen und nicht der Selbstver-
urteilung. Sie sind wichtige Stationen auf dem Weg zu dir selbst.

Wer sich selbst nicht respektiert, sich selbst nicht liebt, seine Werte nicht wahrnimmt und schätzt, beginnt immer mehr in negatives Denken abzurutschen. Er kritisiert nicht nur sich selbst, sondern auch die anderen, seine Familienmitglieder, die Arbeitskollegen, die Politiker, die ganze Welt. Sein Fokus ist auf das Negative gerichtet und dementsprechend umgibt ihn scheinbar viel Negatives.

Glücklich-Sein beginnt mit der Liebe zu sich selbst. Wer sich nicht liebt, dem fällt es schwer andere zu lieben. Wer sich und die Welt nicht liebt ist verständlicher Weise unglücklich.

Manche verwechseln „Selbst-Liebe" mit „Ego-Liebe". Doch je mehr sie um ihr Wohl besorgt sind, sich bedauern und bemitleiden oder ihren Vorteil suchen, desto unglücklicher werden sie. Selbstliebe bedeutet stille werden, wunschlos glücklich zu sein, den Frieden und die Liebe in sich selbst zu finden. Sodann wirst du diese Liebe ausstrahlen und sie wird tausendfach zur dir zurück kehren.

Fehlerscanner

Bernd Helge:

Das menschliche Gehirn ist gerne auf das fixiert, was scheinbar fehlerhaft ist. Es filtert aus seiner Wahrnehmung das heraus, was mangelhaft ist, was ihm nicht gefällt und beschäftigt sich mit großer Hingabe damit. Dieses im Gehirn verankerte Verhaltensmuster, immer auf *Fehlersuche* zu sein, ist ein Relikt aus der Zeit, in der die Menschen um zu Überleben ständig darauf achten mussten, ob vielleicht irgendetwas in ihrer Umgebung ungewohnt ist und daher gefährlich sein könnte. Doch dieses Verhalten ist in unserer Zeit nicht mehr angebracht.

Großer Prinz:

Tatsächlich arbeitet euer Gehirn wie ein *Fehlerscanner*. Manche lieben es ein Haar in jeder Suppe zu finden. All die vielen Dinge, die funktionieren, die wunderbar sind, die ihr täglich nützt, wie Sonne, Strom, Wasser, Straßenbahn, Bekleidung, Essen, Familie, Freunde sind für viele selbstverständlich und daher unbeachtlich.

Viele Leute sind zu sehr mit Fehlern und Schwächen beschäftigt. Achte auf das, was gut und schön ist. Konzentriere dich auf deine Stärken und entfalte sie! Das gibt dir Kraft, das macht dich einmalig, das sichert dir deinen Erfolg! Auf seine Art ist jeder Mensch begnadet. Es gilt für ihn nur diese Einmaligkeit zu erkennen und auszuleben. Damit wirst du nicht nur ein Geschenk für dich selbst, sondern für viele Menschen in deinem Umkreis.

Wer auf seine Fähigkeiten vertraut, dem gelingt es auch sie umzusetzen und je mehr er sie umsetzt, desto mehr vertraut er sich. So wird Genialität sichtbar.

Schon in der Schule werden die Schüler nicht nach ihren guten Leistungen und Fähigkeiten benotet, sondern danach wie viele Fehler sie machen. Dasselbe gilt im Berufsleben. Es ist für euch normal und selbstredend gute Arbeit zu verrichten. Was jeden Tag ordentlich erledigt wird, das zählt nicht, das ist Pflicht. Doch wehe es passiert ein Fehler. Sofort schrillen die Alarmglocken. Sofort verurteilt ihr euch selbst, werdet verurteilt oder ihr kritisiert andere. Auch neigt ihr dazu euch eure Irrtümer oder Fehlleistungen möglichst lange nachzutragen.

Dass dadurch viel Energie vergeudet und Vertrauen untergraben wird, statt Freude und Kraft aus dem zu schöpfen, was an Gutem geschaffen wird, ist wohl einleuchtend. Und je mehr ihr auf eure Schwächen fixiert seid, je mehr ihr euch verurteilt, desto mehr sinkt euer Selbstvertrauen, umso mehr Fehler macht ihr.

Wer sich nicht schätzt, wer sich verurteilt, der sagt seinem Unterbewusstsein: „Du bist ein Versager, du versagst immer wieder!" Und gehorsam sorgt sein Unterbewusstsein dafür, dass sich diese „Wahrheit" immer wieder bestätigt.

Überlege auch gut, wie du über andere urteilst und sprichst! Respektiere die Vielfalt des Lebens und verurteile nicht das Anders-Sein! Nur so kannst du in Harmonie leben, wirst geliebt und kannst glücklich sein.

Sich selbst verpflichtet sein

Bernd Helge:

Viele Menschen tragen einen seltsamen Widerspruch mit sich herum. Einerseits sind sie ständig mit sich, mit ihren Sorgen, ob sie wohl geliebt werden, ob sie genügend Geld haben, ob sie dies oder jenes erreichen, beschäftigt. Doch zugleich lieben sie sich selbst nicht.

Im Grunde sind sie besorgt, ob sie in der Zukunft glücklich sein werden, jedoch kümmern sie sich herzlich wenig darum, ob sie *jetzt* glücklich sind, ob sie *jetzt* das leben, was sie wirklich wollen.

Großer Prinz:

Zu diesem Widerspruch passt gut der nächste: Sie sind mit sich selbst unglücklich und unzufrieden, doch oft wollen sie anderen helfen. Allerdings gelingt das nicht richtig, denn wer sich gerne um andere kümmert, diesen gute Ratschläge erteilt, sich für andere aufopfert, dabei jedoch sich selbst vernachlässigt, der kann niemanden wirklich helfen.

Weshalb nicht? Wer sich selbst nicht liebt, der strahlt Disharmonie aus. Deshalb wird sich in seiner Gegenwart kaum jemand wohl und entspannt fühlen. Wer selbst nicht glücklich ist, kann anderen nicht zu Glück verhelfen. Er will dem anderen helfen und ihm etwas beibringen, was er selbst nicht lebt. Er benimmt sich wie ein Alkoholiker, der andere bewegen will nur Wasser zu trinken.

Wer anderen helfen will und sich selbst nicht hilft, der laugt sich aus und wird rasch müde. Tief drinnen in seinem Herzen will er selbst glücklich sein, selbst geliebt und vom Schicksal verwöhnt sein. Doch er tut nichts dafür. Das macht ihn missmutig und verärgert und er weiß eigentlich nicht warum. Er denkt: „Ich bin so ein guter Mensch, doch niemand liebt mich. Das Schicksal meint es nicht gut mit mir. Immer wieder stoße ich auf Hindernisse und Probleme!"

Die einzige Rettung aus diesem Dilemma besteht darin, endlich Verantwortung sich selbst gegenüber zu übernehmen. Sich selbst zu sagen: *„Von heute an entscheide ich mich für mein Glück und dann bin ich bereit und fähig dieses Glück mit anderen zu teilen!"*

*Achte auf deine Verantwortung dir selbst gegenüber,
dann erst kannst du anderen wirklich helfen!*

Gesundheit, Fitness

Bernd Helge:
Man sagt der Körper sei ein Tempel für den Geist. Inwieweit spielt dieser Körper eine Rolle für das Glück?

Großer Prinz
Es gibt bei euch ein Sprichwort: Gesundheit ist nicht alles, doch ohne Gesundheit ist alles nichts! Gesundheit kann man sich nicht immer aussuchen. Doch ihr könnt viel zur Erhaltung und auch zur Wiederherstellung eurer Gesundheit beitragen.

Nicht perfekte Gesundheit ist die Basis des Glücks, sondern die optimale Gesundheit! Auch behinderte oder von einer Krankheit betroffene Personen können glücklich sein. Körperlich behinderte Personen gehen oft achtsamer und gefühlvoller mit ihrem Körper um als viele, die gesund sind oder sich dafür halten. Hingegen sind Leute, die sich Stress machen, die rauchen, die wenig Körperbewusstsein haben, durchwegs in ihrer Glücksfähigkeit eingeschränkt. Wesentlich für euer Glück ist das Bemühen um bestmögliche Gesundheit.

Wie besprochen, benötigen alle Gefühle um „sichtbar" zu werden den Körper gleichsam als Bildschirm oder Verstärker. Wenn dieser Körper durch Anspannung, Nervosität, schlechte Nahrung oder Drogen beeinträchtigt ist, so können sich Glücksgefühle nicht oder nur mangelhaft verwirklichen.

Die idealen Hilfsmittel um seine Gesundheit zu untergraben habe ich schon angesprochen. Es sind dies Rauchen, zu viel Alkohol, zu viel essen, ungesunde Nahrungsmittel, sich ärgern, sich stressen, zu wenig Bewegung, zu wenig Freude und so weiter. Was ich da sage sind Binsenweisheiten. Jeder weiß, was der Gesundheit schadet und was ihr wohl bekommt.

Bernd Helge:

Warum schädigen Menschen ihre Gesundheit trotz dieser allgemein bekannten Tatsachen?

Großer Prinz:

Wer keinen Sinn im Leben sieht, wer seine Träume nicht zu leben wagt, wer tagein, tagaus Dinge tut, die er eigentlich nicht will, kann sich nicht lieben. Und weil er sich nicht liebt, neigt er dazu sich gehen zu lassen, indem er zu viel isst, zu viel trinkt, zu viel vor dem Fernseher sitzt, nicht auf die Bedürfnisse seines Körpers nach Bewegung und Fitness achtet. Er verliert so immer mehr die Verbindung zu seinem Körper und es fällt ihm immer schwerer auf die Bedürfnisse und Signale des Körpers richtig zu reagieren.

Mit dem Verlust seines Körperbewusstseins verliert er auch das Verständnis und die Liebe zur Natur. Er verliert seine Lebensfreude, seine Energie und seine Kreativität.

Der Mensch, der viele Jahrtausende gewohnt war zu laufen, sich zu bewegen, körperlich zu arbeiten um seinen Lebensbedarf zu decken, sitzt oder steht in unserer Zeit bei seiner Arbeit täglich viele Stunden. Oft ist er dabei psychischen Belastungen ausgesetzt. Gerade deshalb ist es notwendig, dass er *täglich!!!* in seiner Freizeit möglichst viel intensive Bewegung macht. Nur so kommt sein Kreislauf ordentlich auf Touren, wird sein Herzmuskel gekräftigt, werden seine Blutbahnen durchgeputzt, seine Lungen „beflügelt", seine Knochen, Gelenke, Sehnen und Muskeln gestärkt, Stresshormone abgebaut.

- Sorge für deinen Körper, er ist dein Tempel!
- Er ist dein bester, hoch intelligenter Partner!
- Er ist die materielle Basis deiner Gefühle.
- Er birgt die Weisheit des Universums.

Wer nicht Zeit hat für Gesundheit, wird sie für Krankheit benötigen

Freundschaften

Bernd Helge:

Welche Bedeutung haben Freundschaften für das Glück? Sind Freundschaften nicht ein Luxus, wenn das Glück ohnedies nur in uns selbst zu finden ist?

Großer Prinz:

Jeder ist Freund! Ihr fühlt euch als einzelne, für sich allein existierende Persönlichkeit. Doch das ist nur die eine Seite. Neben der Individualität sind alle Lebewesen zugleich Mitglied eines großen Ganzen. Ohne Freunde, ohne Familie, ohne Beziehung zu anderen Menschen sind wir gewissermaßen unvollendet. Wir sind nicht das, was wir wirklich sind, denn sie gehören zu uns, sind ein Teil von uns.

Alle Menschen, mit denen wir enger verbunden sind, sind Freunde. Freundschaft zu leben tut deshalb so wohl, weil ihr eurem Wesen nach dazu bestimmt seid, Freunde zu sein.

Deshalb ist es „lebenswichtig" Freundschaften zu pflegen. Was wäre ein Leben ohne liebevolle Beziehungen zu Menschen, die uns nahe stehen?

Jeder hat Talent zu Freundschaft, so wie jeder die Begabung hat, glücklich zu sein. Freundschaft erfordert wie jede Liebe Bereitschaft zum Tun, zur Pflege der Beziehung. Deshalb können wir auch nur mit einer beschränkten Anzahl von Menschen Freundschaft im engeren Sinn leben. Wir können viele Menschen achten, wertschätzen, uns zu ihnen freundlich und liebevoll verhalten. Freundschaft, so wie ich sie verstehe, bedeutet Vertrautheit, Aufgehobensein, sich miteinander regelmäßig austauschen, bedeutet sich aufeinander verlassen können.

Freunde solltet ihr genauso sorgsam auswählen, wie euren Lebenspartner. Vermeide so gut es geht den Kontakt mit Miesmachern und Energievampiren. Sie ziehen dich hinunter und saugen dich aus, statt dir Freude und Kraft zu schenken. Freunde beschenken einander ohne darauf zu achten, was sie dafür bekommen. Das unterscheidet sie von Geschäftspartnern.

Seid dankbar, wenn ihr Menschen begegnen könnt, deren Herz offen ist, die bereit sind über den eigenen Tellerrand hinauszuschauen. Solche Leute sind wert eure Freunde zu sein.

Glückliche Menschen pflegen Freundschaften, sie investieren laufend in ihre Freundschaften und werden dadurch reich beschenkt.

Jeder Mensch ist einzigartig. Doch diese phantastische und beglückende Einzigartigkeit können wir nur bei einem Menschen voll erfassen und miterleben, der unser Freund geworden ist. So spricht der kleine Prinz zu den vielen Rosen, die zwar schön sind, die aber für ihn nicht so einmalig sind, wie die von ihm geliebte Rose auf seinem Stern:

> *„Ihr seid wie mein Fuchs war. Der war nichts als ein Fuchs wie hundertausend andere. Aber ich habe ihn zu meinem Freund gemacht, und jetzt ist er einzig in der Welt."* [10]

10. Erfüllte Partnerschaft

Liebe bedeutet Schönheit erkennen

Bernd Helge:

Der „kleine Prinz" des Saint-Exupéry ist glücklich wenn er zu den Sternen aufblicken kann, wo sich irgendwo eine Blume befindet, die er liebt. So erklärt er uns:

> *„Wenn einer eine Blume liebt, die es nur ein einziges Mal gibt auf allen Millionen und Millionen Sternen, dann genügt es ihm völlig, dass er zu ihnen hinaufschaut, um glücklich zu sein. Er sagt sich: Meine Blume ist da oben, irgendwo…"* [11]

Es ist schon viel diskutiert, philosophiert und geschrieben worden, darüber was „Liebe" ist und weshalb sie den Menschen so viel bedeutet. Ist Liebe romantische Sehnsucht, deren Erfüllung an der Realität zu zerbrechen pflegt? Oder besteht Liebe darin sich für andere zu sorgen und aufzuopfern? Manche erwarten sich von der Liebe, dass jemand ihre Wünsche erfüllt und sie verwöhnt. Ein anderer versteht unter Liebe Verliebtheit oder sexuelle Erregung. Für andere bedeutet Liebe: Jemanden besitzen, jemanden für sich allein zu haben. Ein anderer hofft in der Liebe von seinem Partner „ergänzt" zu werden, weil er sich selbst als unvollständig ansieht.

Großer Prinz:

Jeder wird auf seine Art „Liebe" suchen und verwirklichen und das ist gut so. Allerdings, wenn sich das erhoffte Glück nicht einstellen will, werden Erwartungen an die Liebe oft zur Ursache von Leid.

Wir Prinzen verstehen unter „Liebe" die Offenheit des Herzens um Schönheit wahrzunehmen. Sei es die Schönheit einer Farbe, eines Gedankens, Schönheit eines Menschen, die Schönheit unseres Sternes, des Universums, die Schönheit des Daseins.

Wer Schönheit wahrnimmt bringt mehr Liebe und Glück in sein Leben.

Schönheit zu erkennen ist ein kreativer, schöpferischer Akt. Ein Liebender ist ein Künstler, der sich öffnet für die Wunder, die rings um uns ausgebreitet sind. Der Zauber eines anderen Ididuums kann dich nur dann erreichen, wenn du selbst verzaubert bist. Jeder kann ein Liebes-Künstler sein, wenn er bereit ist aufmerksam, staunend, hingebungsvoll sich dem, was uns das Leben schenken will, zu nähern.

Ein Künstler ist bereit *sich* zu vergessen, seine Ängste, Sorgen, Verletzungen, Wünsche. Hingegen verfliegt die Liebe, wenn das „kleine Ich" -will, -anders haben will, -für sich besitzen will, -festhalten will; wenn Angst auftaucht zu verlieren, wenn Sorge besteht nicht gut genug zu sein.

Liebe ist ein Zustand der Achtsamkeit. Sie entfaltet sich in der Hingabe an das, was gegenwärtig ist, in der Leichtigkeit des Seins.

Wer in einer Beziehung auf die Schönheiten seines Partners achtet, muss deshalb nicht blind sein für Eigenheiten oder Schwächen des anderen. Man kann sie so oder so bewerten: liebevoll annehmen, verachten oder bekämpfen. Schwächen, die jeder hat, können wie ein wichtiger Bestandteil eines Kunstwerks betrachtet werden. Wie ein Bild als Kontrast zu hellen, ansprechenden Farben und Formen auch dunkle, graue und wenig strukturierte Flächen braucht, so ist jedes Individuum einmalig und gut so wie es ist, mit all seinen Formen und Farben.

Wohl gibt es bei den Prinzen ebenso wie bei den Menschen Unterschiede an Gestalt, an Reife, an Fähigkeiten. Doch wie man nicht sagen kann, dass eine prachtvolle Rose schöner ist als ein bescheidenes Gänseblümchen, hat jede Person ihren eigenen Reiz, ihren eigenen Zauber.

Die Fähigkeit überall Schönheit, Einmaligkeit wahrzunehmen steht nicht im Widerspruch dazu, dass auch wir Prinzen unsere Vorlieben haben, dass wir uns je nach unserer Eigenart lieber mit diesem oder jenem verbinden. Doch wir verurteilen nicht das, was anders ist, was nicht unserem Geschmack entspricht. Wenn wir erkennen, dass wir mit jemandem nicht harmonieren, so folgt darauf nicht Verachtung, Feindschaft oder gar Hass. Doch es ist für uns natürlich uns von einem Partner zu trennen, wenn keine entsprechende Harmonie mehr da ist.

Es gibt bei uns Prinzen auch eine Art sexueller Liebe. Unsere Sexualität schenkt uns, ähnlich wie es bei den Menschen der Fall sein kann, viel Energie und Lebensfreude. Sie wird sichtbar in unseren Körperfarben und in unserer Ausstrahlung. Wenn sich Prinzen vereinigen, so erfolgt dies nicht über spezielle Organe. Bei einer starken Anziehung zwischen zwei Prinzen vereinigen sich beide Körper für einige Zeit zu einem neuen Ganzen. Wir gelangen dabei in einen wunderbaren Zustand, in dem wir unsere eigene Individualität verspüren und zugleich ganz aufgelöst sind in der Individualität des anderen. Es vermischen sich dabei die Farben der beiden Prinzen zu seltsam neuen leuchtenden Gebilden und daraus kann neues Leben entstehen. Für uns ist die Vereinigung mit einem Partner ein kreativer Akt, in den beide bewusst alle schöpferische Kraft, all ihre Schönheit und Liebe einfließen lassen. Es steht den Partnern frei mit dieser Vereinigung ein neues Prinzenkind zu schaffen oder nur sich selbst zu bereichern, neue Impulse zu empfangen, sich gegenseitig Energie zu schenken.

Wer sich die Fähigkeit erhält, Schönheit zu erkennen, wird nie alt werden!
Franz Kafka (1883 - 1924)

Was mich stört, ist mein Problem!

Be the change, what you wish to see!
Mahatma Ghandi (1869 - 1948)

Bernd Helge:

Es gibt kaum etwas, wonach sich die meisten Menschen so sehr sehnen und was ihnen so sehr Erfüllung schenkt wie eine gelungene Partnerschaft. Wir fühlen, dass daneben materieller Wohlstand oder berufliche Erfolge zweitrangig sind. Fast jeder Mensch hat das Bedürfnis von einer vertrauten Person auf seinem Lebensweg begleitet zu werden und den andern zu begleiten.

Großer Prinz:

Die beste Voraussetzung für das Gedeihen einer guten Partnerschaft ist die Aufgabe der Illusion, dein Partner könnte dich glücklich machen. Gerade der Mythos vom Traumpartner, der mir das große Glück schenkt, behindert und zerstört das, was Partnerschaft sein könnte.

Wer seine Eigenverantwortung für sein Glück noch nicht durchschaut hat, neigt dazu, wenn er sich unglücklich fühlt sofort im Partner die Ursache zu sehen. Der Partner ist die ideale Projektionsleinwand für die eigene mangelhafte Fähigkeit glücklich zu sein. Wer unglücklich ist, möchte natürlich aus diesem Zustand ausbrechen. Wenn jemand in seiner Beziehung die Ursache für sein anhaltendes Unglück sieht, so will er sich aus dieser Beziehung befreien. Statt an seiner Glücksfähigkeit zu arbeiten, träumt er von der Erlösung aus der Partnerschaft und von einem neuen Partner, der sein Glück „machen" soll.

So sieht der klassische Ablauf bei Zerrüttung einer Beziehung aus: „Schuld an meinem mangelnden Glück ist mein Partner!" Gegenseitige Vorwürfe, Lieblosigkeiten und Verletzungen sind die Folge. Diese bilden wiederum die Bestätigung für die „Schuld" des anderen. Selbstmitleid bildet die Fortsetzung. Einer der Partner oder beide halten Ausschau nach einem besseren Partner, nach grünerem Gras. Scheinbar wird ein neues Glück (ein anderer Partner) gefunden, das Drama eskaliert.

Die einzige Rettung in diesem Fall ist die radikale Umkehr und die Einsicht: „Das Problem bin immer ich!" *„Was mich stört ist mein Problem!"* Diese Regel gilt in allen Lebensbereichen wo Menschen miteinander zu tun haben. Der andere ist wie er ist und du bist wie du bist. Einen Erwachsenen kannst du nicht verbessern oder erziehen. Du kannst ihm vielleicht behutsam Anregungen geben, doch ändern kann sich jeder nur selbst.

Wenn dich etwas stört, so beruht dies auf deinem Charakter, auf deiner Beurteilung. Und es ist deine Sache wie du damit umgehst. Vergiss alles Selbstbedauern, alle Schuldzuweisungen, alle Verletzungen. Beginne bei dir selbst! Werde ein Liebender der sich selbst liebt, der keine Erwartungen an den anderen stellt. Werde ein Liebender, der andere liebt wie sie sind, der Schönheit wieder wahrnehmen kann. Entscheide selbst glücklich zu sein und dein Glücksscheinwerfer wird wieder die Schönheiten des Lebens wahrnehmen.

Vergiss nicht: Deine Umwelt ist dein Spiegel. Es hat seinen Grund, weshalb du mit bestimmten Menschen verbunden bist. Solange du dich nicht veränderst, wirst du immer denselben Typ Partner bekommen. Wenn du dich positiv veränderst, wirst du entweder mit deinem Partner besser harmonieren oder fähig und bereit sein, einen „besseren Spiegel" zu bekommen.

Zu sich stehen

Bernd Helge:
Manche denken es ist richtig sich in einer Partnerschaft aufzuopfern und nötigenfalls auch für die Partnerschaft zu leiden.

Großer Prinz:
Das schönste Geschenk, welches jemand sich selbst und seinem Partner machen kann, besteht darin, sich selbst zu lieben und zu achten. Wer glücklich ist, ist eine Freude für seine Mitmenschen. Zeitgenossen, die jammern, schimpfen, verärgert und gestresst sind, mit sich selbst nicht zurechtkommen, still dulden und leiden oder andere für ihre Probleme verantwortlich machen, sind wahrlich keine Freude für sich und ihre Umgebung.

Die Tatsache: „Was mich stört ist mein Problem!" sollte euch nicht davon abhalten, dem anderen zu sagen, was euch in der Partnerschaft belastet, welche Probleme *„ihr"* habt. In einer guten Beziehung teilt man nicht nur seine Freuden, sondern vertraut sich auch seine Schwierigkeiten an. Es kann wunderbar sein, seine Ängste, Sorgen, Probleme gegenüber einem verständnisvollen Zuhörer auszusprechen. Es gehört zu den schönsten Augenblicken einer Partnerschaft, seine eigenen Schwächen und Sorgen zu offenbaren und dabei auf Verständnis und liebevolle Annahme zu stoßen. Eine der vielen Gratwanderungen im Leben ist das Mitteilen von Sorgen und Problemen. Zu viel jammern und klagen ist schrecklich und immer den Mund halten, leiden, hinunterschlucken ebenso falsch.

Seine Probleme anzusprechen erfordert allerdings ein hohes Maß an Achtsamkeit und Einfühlungsvermögen. Besondere Vorsicht ist angebracht um nicht den anderen mit Kritik zu verletzen. Geh immer davon aus, dass nicht der andere „schuld" ist an deinen Problemen. Sprich von „deinen" Schwierigkeiten und sag nicht: „Du bist …" Sprich von dir: „Mir geht es dabei nicht gut …" oder „Ich hab da ein Problem …"

Wenn du den anderen angreifst, wird er sich nur verteidigen oder zum Gegenangriff übergehen. Wenn du von deiner Not sprichst, besteht eine gute Chance, dass der andere bereit ist dir zu helfen.

Der Seelenpartner

Bernd Helge:

Was macht die Essenz, das Besondere einer anhaltenden Partnerschaft aus?

Großer Prinz:

Es sind, wie besprochen, im Leben nicht einzelne großartige Ereignisse, dic den Menschen anhaltend glücklich machen. Glücklich macht den Menschen die Fähigkeit sein Herz für die vielen kleinen und großen Wunder, Schönheiten und Geschenke des Lebens zu öffnen.

Ebenso verhält es sich mit der idealen Partnerschaft. Nicht die anfängliche Euphorie des Verliebtseins macht euch dauerhaft glücklich und ebenso wenig der beste Sex.

Ganz natürlich lässt in jeder Beziehung der anfängliche Rausch der Liebe, die Faszination des Neuen, der Sturm der Hormone nach.

Fast alle Geschenke einer Partnerschaft könnt ihr auch durch gute Freunde, nahe stehende Verwandte, in Sport-, Musik- oder sonstigen Gemeinschaften bekommen. Ich denke dabei an gemeinsame Erlebnisse, Freude teilen, gegenseitige Anteilnahme, sich angenommen fühlen, Seelenverwandtschaft spüren, gegenseitigen Beistand. Auch guten Sex könnt ihr mit vielen Menschen haben. Das ist nicht die Essenz der idealen Seelenpartnerschaft. Dennoch kann Sex für eine dauerhaft gute Beziehung eine wichtige Rolle spielen – „kann" aber muss nicht!

Keine Analyse mit dem Verstand kann euch sagen, ob jemand für euch der „richtige" Partner ist oder nicht. Ihr könnt, soweit dies möglich ist, alle Vorzüge und Schwächen eines möglichen Partners notieren und prüfen inwieweit diese Eigenheiten mit eurer eigenen Persönlichkeit harmonieren. Ihr werdet zu keinem vernünftigen Ergebnis kommen. Dieser Test wird schon daran scheitern, dass die wenigsten Menschen sich selbst kennen und beurteilen können. Noch weniger vermögen sie eine andere Person zu durchschauen.

Der „richtige Partner" wird euch vom Schicksal vorgegeben. Dabei solltet ihr nicht übersehen, dass euer Schicksal letztlich von euch verursacht wurde. Ihr tragt somit die volle Verantwortung für das, was auf euch zukommt!

Das Besondere des *Seelenpartners* liegt nicht in Eigenheiten, die verstandesmäßig erfassbar sind. Der vom Schicksal *„auserwählte"* Partner trägt in seinem Herzen einen Stern, der in Verbindung mit dem Stern in deinem Herzen ganz besonders leuchtet. Ebenso leuchtet dein *Herzensstern* auf, wenn er dem „auserwählten" Partner begegnet. Diese Sterne sind miteinander schon verbunden und ihr könnt die Kraft dieser Verbindung schon spüren, bevor ihr diesem Partner zum ersten Mal am physischen Plan begegnet.

Ob jemand der „Idealpartner" ist oder nicht, das „wisst" ihr, wenn ihr ihm begegnet, vorausgesetzt, es gelingt euch möglichst entspannt und ruhig in euch hineinzufühlen. Wenn ihr nicht offen und aufmerksam genug seid, kann es sein, dass ihr eurem Seelenpartner öfters begegnen müsst, bis ihr euch gegenseitig „erkennt".

Das Schicksal führt euch mit sicherer Hand zum „idealen" Partner. Das muss nicht in jedem Fall euer „Seelenpartner" sein. Es kann durchaus „nur" der optimale Partner für einen bestimmten Lebensabschnitt, für eine bestimmte Entwicklungsphase sein.

Ihr könnt nur in einem sehr bescheidenen Umfang die Auswahl des Lebenspartners verstandesgemäß steuern. Nach dem *Gesetz der Affinität* zieht ihr magisch den Partner an, der eurem Wesen und eurer momentanen Entwicklungsstufe am besten entspricht. Die Umwelt ist immer der Spiegel eures Innenlebens. Das Schicksal führt euch auch vorübergehende Partner zu, die einerseits ein erfreuliches Geschenk für euch sind und mit denen ihr andererseits die besten - zum Teil auch schmerzlichen - Entwicklungsschritte machen könnt.

Die unendliche Vielfalt der persönlichen Schicksale und Entwicklungswege kann es mit sich bringen, dass ihr in einem Leben hintereinander mehrere „ideale" Partner haben werdet. Es kann auch durchaus sein, dass ihr die Vor- und Nachteile eines Singledaseins streckenweise oder für ein ganzes Leben lang genießen dürft.

Wenn es sein soll, wird jeder von euch zum richtigen Zeitpunkt den richtigen Seelenpartner finden. Es genügt, wenn ihr euer Herz öffnet, wenn ihr keine Angst vor negativen Erfahrungen habt, wenn ihr bereit seid, das anzunehmen, was das Leben euch schenken will.

Ihr solltet euren Seelengefährten nicht krampfhaft suchen, denn das vertreibt ihn. Bereitet euch vor den richtigen Partner zu erkennen und arbeitet daran, selbst der „richtige" Partner zu sein. Je mehr ihr euer Wachstum fördert, desto „besser" geht es euch und eurem Partner und desto besser wird eure Beziehung sein.

Bernd Helge:

Ist das, was du über den „richtigen Partner", über den „Seelenpartner" sagst, nicht eine verklärte, romantische Illusion? Sieht die Realität von Ehen und längerfristigen Verbindungen nicht ganz anders aus? Die so genannten „Liebesehen" sind ein Luxus, der im Abendland erst in den letzten zwei Jahrhunderten in Mode gekommen ist.

Vorwiegend im islamischen und hinduistischen Kulturkreis sind nach wie vor Zwangsehen weit verbreitet. Viele Ehen sind bloße Zweckgemeinschaften. In den westlichen Ländern werden 50% aller Ehen geschieden und viele der nicht geschiedenen Ehen bedeuten ein mehr oder weniger unerfreuliches Nebeneinander-Her-Leben, das mit „Liebe" wenig bis gar nichts zu tun hat.

Großer Prinz:

Interessanterweise ergeben Nachforschungen, dass Partner in „Zwangsehen" und „Zweckehen" in der Regel wesentlich glücklicher sind, als in den frei gewählten Liebesehen. Das mag vor allem daran liegen, dass die Erwartungen, die an eine Liebesheirat gestellt werden sehr hoch sind und dadurch umso leichter enttäuscht werden. Insbesondere die Hoffnung, dass mir mein Partner auf Dauer alle Wünsche von den Augen ablesen und erfüllen wird, muss zwangsläufig zu Frust und Unlust führen. Gleiches gilt für die Erwartung, dass der andere mein nicht oder nur bescheiden vorhandenes Glück zum perfekten Glücklich-Sein verwandeln wird.

Partnerschaftsglück kann nur dann gelingen, wenn es als dynamischer Prozess verstanden wird und wenn beide bereit sind an diesem Glück permanent zu arbeiten – was übrigens ein sehr schönes und tief befriedigendes Tun sein kann.

Lasst Raum zwischen euch

Bernd Helge:

Khalil Gibran schildert im Buch „Der Prophet" wie der weise Almustafa von der Ehe spricht: *„Liebet einander aber macht die Liebe nicht zur Fessel: Lasst sie ein wogendes Meer zwischen den Ufern eurer Seelen sein …"* *„Singt und tanzt zusammen und seid fröhlich, aber lasst jeden von euch allein sein, so wie die Saiten einer Laute allein sind und doch von derselben Musik erzittern …"*

Großer Prinz:

Am besten dient ihr eurem Gefährten, wenn ihr authentisch lebt. Wer ehrlich lebt, wer das lebt, was er ist, hat auch keine Schwierigkeiten das richtige Maß an Nähe und Abstand zu finden. Er hat auch ein gutes Gespür dafür, inwieweit er auf die Wünsche des Partners eingehen soll, wenn diese nicht seinen eigenen Wunschvorstellungen entsprechen.

Wenn Partner sich zu sehr aneinander klammern, einander besitzen wollen, so beruht dies auf mangelndem Vertrauen zu sich selbst und zur eigenen Glücksfähigkeit. Liebe kann jedoch nicht im Gefängnis der Angst, sondern nur im weiten Raum des Vertrauens gedeihen. Liebe verträgt kein „Müssen", sondern sie lebt im freien Geben und Nehmen.

Muss Scheiden weh tun?

Bernd Helge:

Wenn wir in einer Partnerschaft einander Raum lassen, besteht dann nicht die Gefahr, dass zu viel Abstand letztlich zu einer Trennung führt.

Großer Prinz:

Was ist zu viel? Belastet nicht ebenso ein „zu viel Klammern" die Beziehung? Einander Raum und Freiheit schenken umfasst natürlich auch die Möglichkeit einer Trennung. Es kann sein und es ist durchaus keine Schande, dass sich Partner auseinander leben, dass sie sich in verschiedene Richtungen entwickeln, dass der gemeinsame Weg nicht mehr für beide passend ist. Es kann sein, dass die Umwelt - euer Spiegel - nicht mehr aktuell ist, weil ihr euch innerlich stark verändert habt.

Vielleicht habt ihr nur zu wenig in die Beziehung investiert, zu wenig an der ständig notwendigen Erneuerung gearbeitet. Vielleicht verlangt euer Schicksal nach einem neuen Weg ohne den bisherigen Partner. Es kann auch durchaus sein, dass eine Beziehung von Anfang an auf einer Fehlentscheidung beruht.

Auf jeden Fall solltet ihr aus einer Trennung kein Drama machen. Seid dankbar für die gemeinsame Zeit und geht liebevoll auseinander. Damit vermeidet ihr Schaden für euch und eure Kinder. Eine liebevolle Trennung schafft auch gute Voraussetzungen für eine neue Beziehung.

Bernd Helge:

Wie können wir erkennen, ob eine Trennung eine gute Entscheidung ist oder ob es besser wäre zusammen zu bleiben und an der Verbesserung der Beziehung zu arbeiten?

Großer Prinz:

Erst wenn du dich selbst lieben kannst, wenn du entspannt und glücklich bist ohne jemand anderen dafür zu brauchen, bist du fähig zu entscheiden, ob es für dich und letztlich auch für deinen Partner und deine Kinder richtig ist, diese Beziehung zu beenden. Bis dahin befindest du dich im Irrgarten deiner Gedanken und Gefühle.

Versuche dich mehr zu lieben! Versuche den wilden Gedankenstrom zu stoppen! Versuche still zu werden! Vergiss dein Selbstmitleid! Vergiss deine Verletzungen! Versuche das bisherige Verhalten deines Partners zu verstehen! Versuche ihn anzunehmen und zu lieben, wie er ist! Versuche nicht mehr ihn ändern, verbessern zu wollen! Erst dann wirst du fähig sein eine gute Entscheidung zu treffen. Erst wenn du dich und ihn gelassen und entspannt lieben kannst, wirst du die richtige Eingebung haben, ob eine Scheidung für euch „richtig" ist.

Karmisch gesehen ist jede Partnerschaft „richtig". Denn ihr habt diese Erfahrung benötigt. Deshalb solltet ihr nie mit euch selbst, mit dem Partner oder den Lebensumständen hadern. Nehmt Irrwege dankbar als Lernprozesse an. Dankt auch eurem Partner für alles was er euch geschenkt hat und geht, wenn es sein soll, in Frieden auseinander.

Wenn ihr die Überzeugung gewonnen habt, dass eine Trennung richtig ist, so solltet ihr auch nicht den gemeinsamen Kindern zuliebe eine Beziehung fortsetzten. Denn das Wichtigste für die Kinder sind strahlende glückliche Eltern, die ihnen vorzeigen, wie sie ihren authentischen Weg gehen.

Angst vor Nähe

Bernd Helge:

Wir sehnen uns einerseits nach einem Partner, andererseits ist für viele Menschen Partnerschaft auch verbunden mit negativen Vorstellungen, mit Angst vereinnahmt oder ausgenützt zu werden, nicht zu entsprechen, nicht gut genug zu sein, mit Angst vor Enttäuschung, Angst vor Verlust.

In Mitteleuropa wird statistisch gesehen jede zweite Ehe geschieden. Da sind wohl Zweifel am Gelingen einer partnerschaftlichen Beziehung angebracht.

Großer Prinz:

Wie du richtig sagst, sind auch die Beziehungen zwischen zwei Menschen von Angst, vom Hauptübel, welches die Menschen plagt, belastet. Das, was ihr Menschen befürchtet, wird von euch magisch angezogen. Ihr richtet euer Augenmerk darauf, ihr erzittert beim ersten Anzeichen einer Gefahr. Ihr habt kein Vertrauen zu euch selbst und ebenso wenig zu eurem Partner. Dieses Misstrauen schafft Distanz und fördert Missverständnisse.

Angst geht Hand in Hand mit zu hohen, idealisierten Erwartungen an den anderen, an die Beziehung. Ihr könnt euch gegenseitig reich beschenken, doch eine gute Partnerschaft setzt voraus, dass beide Partner auch allein „glücksfähig" sind. Wer vom anderen sein Glück erwartet, wird mit Sicherheit enttäuscht werden.

Mit der richtigen Einstellung könnt ihr in jeder Partnerschaft, unabhängig davon, wie lange die Verbindung bestehen wird, nur gewinnen. Betrachtet es als großes Geschenk des Himmels mit jemanden einen Teil eures Weges gemeinsam gehen zu können. Genießt eure Freundschaft *heute*, macht euch keine Sorgen über die Zukunft und lernt zu vergessen, was gestern war. Versucht jeden Tag euren Partner unberührt vom Gestern wie einen neuen Stern zu betrachten. Leben ist Veränderung. Ihr könnt jeden Tag neu sein und der andere ist jeden Tag neu. *Jeder Tag kann für euch ein neues Leben sein!* Öffnet euch wieder für das Wunder Mensch, so wie ihr es zur Zeit des frischen Verliebtseins getan habt.

Jede Liebe wird sich totlaufen, wenn ihr nicht immer wieder in sie investiert, wenn ihr euch nicht immer wieder beschenkt, wenn ihr nicht bereit seid, euch immer wieder mit neuen Augen anzusehen. Liebe bedarf der ständigen Veränderung und der ständigen Kommunikation. Liebe bedarf des gemeinsamen Wachstums. Liebe verlangt nach Mitleben mit dem, was der andere denkt, was den andern bewegt. Wie eine Glühlampe ständig Strom benötigt um zu leuchten, so benötigt Liebe einen ständigen Zufluss von positiver Energie. *Denn um was du dich nicht kümmerst, das verkümmert!*

11. Dankbarkeit

Wofür kann ich dankbar sein?

Bernd Helge:

Manche denken, das Glück zu finden sei eine schwierige Sache. Doch wie uns Saint-Exupéry erklärt, sind es nicht die „fünftausend Rosen" im eigenen Garten die uns glücklich machen:

> *„Die Menschen bei dir zu Hause", sagte der kleine Prinz, „züchten fünftausend Rosen in ein und demselben Garten... und doch finden sie dort nicht, was sie suchen..."*
> *„Sie finden es nicht", antwortete ich...*
> *„Und dabei kann man das, was sie suchen, in einer einzigen Rose oder in ein bisschen Wasser finden..."* [12]

Man sagt, dass glückliche Menschen dankbar sind. Sie haben offene Augen und Herzen für die Schönheiten dieser Welt und sind für diese Geschenke dankbar. Wer nicht dankbar ist, leidet ständig unter Mangel, der nie gestillt werden kann. Er braucht immer „mehr" - hundert, tausend, millionen... doch das Glück findet er nicht.

Großer Prinz:

Beim Glücklich-Sein geht es immer darum, wohin ihr euren Fokus lenkt. Mancher ist ständig mit dem beschäftigt, was ihm nicht gefällt, was ihn ärgert, was mangelhaft ist. Andere blicken auf das Gute, Schöne und Wunderbare in der Welt und sorgen vielleicht dafür, dass noch mehr Gutes sein kann.

Wie es für euch vielleicht ein bis fünf Gründe gibt um „seriös" unglücklich zu sein (bitte überprüft das mal gewissenhaft!), so gibt es hunderte, wenn nicht gar tausende Gründe um glücklich zu sein. Ich würde Tage, Wochen, Monate benötigen um sie aufzuzählen. Hier nur ein paar Beispiele zu eurer Anregung: dass wir in einem Haus wohnen dürfen, dass wir Wasser haben, dass die Sonne scheint, dass es Bäume und Blumen gibt, dass wir Kleider tragen dürfen, dass jemand die Straßen reinigt, dass jemand Reis anbaut, dass jemand Brötchen bäckt, dass wir Freunde haben, dass wir lieben können, dass es gute Bücher gibt ...

Ihr entscheidet wohin ihr euren Blick wendet. Ihr entscheidet über euer Glücklich-Sein!

Viele denken sie wären vom Schicksal benachteiligt. Also mit wem willst du tauschen? Mit Menschen in den Krisengebieten Afrikas, mit Menschen in den Slums in Brasilien oder mit den Reichen in Südafrika, die zu ihrer Sicherheit hinter Mauern mit Stacheldraht leben müssen; mit den Menschen in Bangladesch oder mit den Eskimos in der Arktis?

Oder willst du lieber mit der Königin von England, mit einem Superstar oder mit einem Staatsführer tauschen? Willst du tauschen mit berühmten oder schwer reichen Persönlichkeiten, die ohne Bewachung ihr Haus nicht verlassen dürfen? Die von Fotografen verfolgt werden? Die nicht einfach so, allein oder mit einem lieben Freund spazieren, radfahren oder einen Stadtbummel machen können?

Ich meine total tauschen! Das heißt, du würdest so leben wie diese Person. Du hättest ihre Vergangenheit, all ihren Reichtum, aber auch all ihre Sorgen und Probleme. Oder willst du dir nur irgendwelche Rosinen aus einem Kuchen picken und auf den Rest verzichten? – Kann ich gut verstehen! Doch auch wenn du es könntest – wenn du nicht hier und jetzt glücklich sein kannst, so wird dir auch der raffinierteste Tausch nichts helfen.

Denk daran, jeder hat sein Päckchen zu tragen. Übe dich in Dankbarkeit und du wirst sehen wie klug und wunderbar das Schicksal auf dich schaut.

Viele beachten nicht ihre fantastischen Lebensumstände, weil sie daran gewöhnt sind, weil sie vielleicht von Kindheit an nichts anderes kennen. Die meisten Menschen haben es verlernt die Wunder und Geschenke, denen wir tagtäglich begegnen, wahrzunehmen.

Sie bemerken nur, was ihnen nicht gefällt. Kein Wunder, wenn sie nicht dankbar und glücklich sind.

Dankbarkeit kann man lernen. Frage dich mindestens ein Mal am Tag (ob du das wohl machen wirst?) *„Wofür kann ich heute dankbar sein?"*

Ideal wäre es, wenn du dir jeden Abend vor dem Einschlafen diese Frage stellst. Vielleicht beginnst du sogar ein *„Danktagebuch"* zu schreiben. Du wirst dafür reichlich belohnt werden. Dankbarkeit bringt Energie und Lebensfreude. Dankbarkeit öffnet den Blick für die Geschenke und Schönheiten der Welt.

Dankbarkeit gegenüber unseren Mitmenschen, vom Müllentsorger angefangen bis zu unserem Lebenspartner, macht dich zum Liebenden, verändert deine Welt. Dankbarkeit verbindet dich mit jenen Kräften, die die Welt und dich geschaffen haben.

Bernd Helge:

Ich verstehe wie wichtig es ist, unser Augenmerk auf das zu lenken, was gut und schön ist auf dieser Welt. Doch ist es nicht eine Art von Verdrängung, wenn wir nur das sehen wollen, was schön, gut und angenehm ist auf dieser Welt?

Der große Prinz:

Die Welt so „gut" und so „schlecht" wie du sie beurteilst. Aus einer höheren Warte betrachtet, ist alles vollkommen und von göttlicher Liebe und Weisheit durchdrungen. Unwissenheit in Verbindung mit der Freiheit des Menschen bringt es mit sich, dass dieser viel Unheil für sich und andere anrichten kann. Das Leid in der Welt spielt eine wichtige Rolle um dem Menschen den Weg zu einer höheren Bewusstseinstufe zu weisen.

Deine Einstellung zu Gott, zur Welt und zu den Menschen bestimmt, ob du während des Erdenlebens Frieden, Freiheit und Glückseligkeit oder Streit, Unzufriedenheit und seelisches Leid erfährst.

Denke an Helen Keller. Sie wurde in früher Kindheit blind und taub und wurde so in hohem Maße von der Kommunikation mit der Umwelt ausgeschlossen. Dennoch schaffte sie scheinbar Unmögliches. Sie absolvierte erfolgreich ein Bachelor-Studium, studierte Sprachen, schrieb Bücher und leistete wertvolle Arbeit für die Unterstüzung blinder Menschen. Ihre Empfehlung lautet:

Keep your face in the sun, and you can not see the shadow!

Womit sie sagen will: Kümmere dich um das Gute in der Welt und das Übel verliert seine Kraft.

Den Tag richtig beginnen und beenden

Bernd Helge:
In früheren Zeiten war es nicht nur in den Klöstern selbstverständlich, täglich einmal oder auch mehrmals, insbesondere vor den Mahlzeiten ein Dankgebet zu sprechen. Diese Tradition ist bei uns ziemlich in Vergessenheit geraten. In islamischen Ländern ist es noch heute üblich vier Mal täglich, wenn der Muezzin ruft, ein Gebet zu verrichten.

Großer Prinz:
Innerlich Dank-Sagen ist eine spirituelle Handlung. Mit einem Dankgebet setzen wir uns mit der geistigen Welt in Verbindung. Und das bleibt nicht ohne Wirkung.
Man sagt: *„Wie der Tag beginnt, so verläuft er!"* Wir programmieren unseren Tag, je nachdem wie wir uns auf ihn einstimmen. Im Schlaf warst du in einer anderen Welt. Im Schlaf warst du enger verbunden mit der Essenz des Seins. Deshalb bist du gleich nach dem Aufwachen noch besonders empfänglich für gute Intuitionen und kannst besonders gute Entscheidungen treffen, mit welcher Stimmung und in welche Richtung du durch den Tag gehen wirst. Wenn du am Morgen die ersten 15 bis 30 Minuten verwendest um dich auf den Tag mental vorzubereiten, so ist die dafür aufgewendete Zeit ideal investiert. Du wirst dich wohler fühlen, du wirst weniger Fehler machen, du wirst erfolgreicher arbeiten und besser kommunizieren …

In diesen ersten Minuten des Tages musst du nichts Besonderes machen. Es genügt, wenn du in die Stille gehst, wenn du vielleicht einige Zeit meditierst, wenn du dich in eine freudige Erwartung auf den Tag versetzt, wenn du deine Pläne für den Tag gelassen betrachtest. Du kannst auch einige Zeilen aus einem inspirierenden Buch lesen. Du wirst sehen, wie viel Kraft du aus dieser Morgenzeit gewinnen kannst.

Ähnliches gilt für die Zeit vor dem Schlafengehen. Es bedeutet einen riesigen Unterschied, ob du dir kurz vor dem Einschlafen einen aufregenden Film angeschaut hast oder ob du den Tag in dankbarer Stimmung nochmals innerlich vorbeiziehen lässt. Im Schlaf erneuert sich nicht nur der Körper, sondern auch der Geist. Wenn du in einer entspannten, gelassenen und friedvollen Stimmung in den Schlaf gehst, so kannst du viel Energie und Inspiration für den nächsten Tag gewinnen.

Besonders wirkungsvoll ist es, sich vor dem Einschlafen und am Morgen auf die Schönheit und Weisheit des Universums zu besinnen! Auch kannst du dir aus einem guten Buch inspirierende Anregungen für dein seelisches Befinden holen. Ebenso lohnend ist es, meditativ den eigenen Atem zu beobachten und sein Bewusstsein von umherschwirrenden Gedanken zu befreien.

Tiefe Dankbarkeit für die Geschenke des Daseins fördert dein Glück!

12. Auch Prinzen haben Heimweh

Der eigene Stern

Seit einiger Zeit bemerkte ich eine seltsame Veränderung beim großen Prinzen. Ich hatte den Eindruck, dass er nicht mehr, so wie ich ihn bislang kannte, heiter und stets zu Späßen aufgelegt war. Er ließ öfter den Kopf hängen. Etwas hatte bei ihm eine Traurigkeit ausgelöst. Als ich ihn darauf ansprach, wollte er nicht gleich sagen, was ihn bedrückt. Aber schließlich rückte er doch heraus und erzählte mir, er habe große Sehnsucht nach seinem Stern. Was ihn dabei traurig machte, war der Gedanke, mich und seine anderen Freunde hier auf der Erde zu verlassen. Er nahm an, dass er, wenn überhaupt, für eine lange Zeit nicht auf die Erde zurückkehren kann.

Obwohl es mir seit Beginn unserer Freundschaft klar war, dass der große Prinz eines Tages wieder auf seinen Stern zurückkehren wird, traf mich diese Eröffnung ziemlich heftig. Doch bald entschieden wir uns beide nicht länger betrübt zu sein, sondern lieber dafür zu danken, dass wir gute Freunde sein und eine wunderbare Zeit miteinander verbringen durften. Wir beschlossen gemeinsam mit anderen Freunden ein schönes Abschiedsfest zu feiern.

Der große Prinz meinte, wir wollen nochmals gemeinsam trinken, tanzen und glücklich sein. Es sei schön, dass letztlich jeder seinen Stern haben darf und dass alle Sterne zusammen einen wundersamen Kreis bilden. Er fügte hinzu, dass viele Menschen ihren Stern verloren haben, was die Wurzel ihres Unglück sei. Dann zitierte er den kleinen Prinz, wie dieser zur Schlange spricht:

> *„Ich frage mich... ob die Sterne leuchten, damit jeder eines Tages seinen wieder finden kann. Schau meinen Planeten an. Er steht gerade über uns... Aber wie weit ist er fort."* [13]

Als ich ihn fragte, wie das mit dem eigenen Stern gemeint sei, antwortete er:

„Der eigene Stern ist ein Symbol für die Besonderheit, die jeder tief drinnen verborgen in seinem Herzen trägt. Unsere Erlebnisse, unsere Freuden und unsere Schmerzen dienen dazu diesen geheimnisvollen Stern in uns wach zu rufen.

Unser Lachen und unsere Tränen entspringen einer reinen, grenzenlosen Quelle. Unser persönlicher Stern ist diese Quelle. Diese Quelle ist das Wasser des Lebens. Sie ist eingebunden in den großen Kreislauf von ständigem Werden und Vergehen. Die Quelle wird zum Bach und der wird zum Strom, der unaufhaltsam seinen Weg zum großen Ozean findet um von dort wieder in die Wolken aufzusteigen. Zuletzt findet sich dieses Wasser des Lebens in den Regentropfen und im Tau des Morgens. So schließt sich der Kreis. Unser Stern ist nicht nur eine kühle Quelle, die den Durst des müden Wanderers zu löschen vermag, sondern er ist auch die heiß glühende Lava, die tief aus dem Inneren des Seins aufleuchtet und lodert, die verbrennt was war und neue Berge schaffen kann. In diesem Stern brodelt eine unermessliche Kraft, deren höchstes Glück darin besteht, gelebt zu werden.

Ihr seid nicht die Angst, die den Mut schwinden lässt und die euch schwach und krank macht. Ihr seid nicht gebunden an euren Körper und an euren Besitz. Eure Heimat ist der Stern, der über dem stillen See und über den höchsten Gipfeln der Berge wohnt und gemeinsam mit vielen anderen Sternen die Nacht erhellt.

Aus den Sternen stammen die Träume, die den Menschen Häuser, Städte, Reichtum, Freude, Liebe und Musik schenken. Sie schenken nicht nur Samen der Hoffnung, sondern auch Samen des Vertrauens. Und der Wind und die Vögel werden diese Samen hinaustragen, damit sie überall zu Blüten und Früchten werden und die Herrlichkeit, die in allen Herzen ruht, verkünden."

Abschied

So kam schließlich der Tag, an dem uns der große Prinz verlassen und in seine Heimat nach Joya zurückkehren sollte. Für seinen Abschied haben wir, der große Prinz und ich, alle Menschen, die er sich während seines Aufenthaltes auf der Erde vertraut gemacht hatte, zu einem Fest eingeladen. Und es kamen viele Menschen. Manche von ihnen hatten Tränen in den Augen, denn sie wussten, dass sie dem Prinzen so bald nicht mehr begegnen werden.

Der Abend war gekommen. Es war mild und der Himmel leuchtete nochmals in den schönsten Farben, als ob er an diesem Abschiedsfest teilhaben wollte. Der Prinz wollte nicht, dass sein Abschied der Anlass für Trauer sei. Deshalb sprach er zu seinen Freunden:

„Lasst uns fröhlich feiern! Genießt diesen Abend und freut euch auf das, was die neuen Tage bringen werden!

Ich nehme in meinem Herzen euch alle mit, die ihr meine Vertrauten geworden seid. Eure Liebe verbleibt bei mir und meine bei euch. Auch wenn wir weit entfernt voneinander sind, so werden wir uns weiter gegenseitig belauschen können. Denn unsere Stimme ist auch die Brandung des Meeres und das Rauschen des Windes in den Bäumen.

Hier auf eurer wunderschönen Erde durfte ich eure Freude und eure Schmerzen kennen lernen. Ich verdanke euch viel. Ihr habt mir das Geheimnis eures Glücks offenbart. Eure Sehnsucht und eure Lieder haben zu mir gefunden. Ich durfte eure Wahrheit erkennen und ihr konntet meine Wahrheit vernehmen. Dafür bin ich sehr dankbar. Alle Wahrheiten sind Geschwister. Sie leben oft getrennt und gehen doch vereinte Wege.

Entscheidet euch gemeinsam mit mir glücklich zu sein, was immer kommen mag!"

Dann erhoben alle ihre Gläser, in denen dunkler Wein funkelte und sie prosteten sich gegenseitig zu. Schließlich wurde gefeiert, musiziert, gesungen und getanzt.

Und als gegen morgen die letzten Gäste gegangen waren und alles still war, kam ein sanfter Wind. Er umfing den großen Prinzen, der auf einmal gar nicht mehr so groß war, der sich auf einmal sehr leicht und glücklich fühlte. Der Wind hob den Prinzen hinweg wie eine leichte Feder, ließ ihn noch einige Runden über der Erde tanzen und führte ihn schließlich heimwärts zu seinem Stern. Rasch wurde die Erde, dieser wunderbare Planet, den er lieben gelernt hatte, der ihm sehr vertraut geworden war, immer kleiner und auf Joya, einem Stern weit draußen in einer anderen Galaxie begann wieder ein neuer Tag.

13. Neunundneunzig Leitsätze zum Glück

1. Hör auf zu jammern! Beginne zu leben!

2. Jeder Tag ein neues Leben. Es ist nie zu spät für mutige Veränderungen.

3. Schwierigkeiten sind Geschenke des Schicksals. Sie lassen dich wachsen - nötigenfalls über dich hinaus.

4. Das Schicksal macht keine Fehler. Vertraue der Weisheit des Universums.

5. Reichtum macht das Unglücklich-Sein angenehmer! Doch er schenkt kein anhaltendes Glück.

6. Nicht glückliche Zufälle bewirken glücklich sein. Sondern Glücklich-Sein bewirkt glückliche Zufälle! Glückliche Menschen ziehen „gute Zufälle" ebenso an, wie unglückliche Menschen vom Pech verfolgt werden

7. Unsere Lebensumstände entsprechen stets unserem Denken, unserem Glauben, unserem seelischen Entwicklungsstand. In diesem Sinn ist die Welt, die wir rings um uns wahrnehmen tatsächlich ein Spiegel unseres Innenlebens.

8. Für alles, was uns am Weg begegnet, haben wir selbst die Ursachen gesetzt. Übernimm gelassen die Verantwortung für dein Leben!

9. Es steht dir jederzeit frei, dein Schicksal von gestern in ein neues Schicksal von heute und morgen umzuwandeln.

10. Das Denken zieht wie ein Magnet all das an, dem wir starke Aufmerksamkeit schenken. Das gilt für unsere Sorgen und Ängste ebenso, wie für unsere Träume.

11. Ein „fortschrittlicher Glücksmensch" befindet sich überwiegend in einer glücklichen Grundstimmung. Er ist immer empfangsbereit für Freude und Schönheit.

12. Glücklich zu sein ist eine Kunst. Um ein großer Künstler zu werden ist Begabung und Fleiß erforderlich. Die Begabung zum Glücklich-Sein ist jedem Menschen in die Wiege gelegt.

13. Gefühle sind lenkbar und bestimmbar durch eure Gedanken. Wenn ihr also eure Gedanken beherrschen und lenken könnt, so könnt ihr auch über euer Glück bestimmen. Richtiges Denken im Sinne von „glücklichem" Denken kann jeder lernen.

14. Das Glücklich-Sein kommt nicht von außen. Es ist bereits tief in euch als angeborene Fähigkeit vorhanden. Das beste „Rezept", um abgelagerten Müll über dem Glück am Seelengrund wegzuschaufeln, besteht darin: den Fokus auf das, was jetzt ist, auf den Zauber des gegenwärtigen Seins zu lenken.

15. Je mehr du einem äußeren Glück nachjagst, desto sicherer wird es dir entwischen. Um Glück zu kämpfen macht unglücklich.

16. Glück ist nicht ein Ort, den es zu erreichen gilt, sondern eine ständige Herausforderung.

17. Glücklich-Sein ist ein dynamischer Prozess und nichts, was man einmal erwirbt und dann für immer festhalten kann.

18. Alles was nicht wächst, sich nicht weiter entfaltet, das stirbt.

19. Viele ziehen das sichere Unglück einem neuen, gewagten Glück vor.

20. Das Glück bedarf der Kontraste. Genieße die herrliche Vielfalt des Seins!

21. Gewisses Leid und tiefes Glück schließen einander nicht aus.

22. Jeder kann augenblicklich durch richtiges Denken glücklicher sein, so wie „ein" negativer Gedanke genügt um das Unglück herbei zu rufen.

23. Die Glückskunst verlangt vor allem Achtsamkeit darauf, was du denkst und fühlst. Deine Gefühle sind die Wegweiser zum Glück!

24. Glücklich sein kann jeder nur hier und jetzt, niemals morgen, denn morgen kommt nie.

25. Das Leben ist endlich – lebe endlich!

26. Erreiche glücklich deine Ziele. Wer meint, er kann erst dann glücklich sein, wenn er das Ziel erreicht hat, wird niemals Erfüllung finden.

27. Glück ist eine Entscheidung! Entscheide jetzt glücklich zu sein!

28. Die gute Nachricht: Du kannst nicht zugleich glücklich und unglücklich sein. Du hast die Freiheit zu wählen.

29. Warte nicht darauf, dass sich im Äußeren etwas zu deinem Glück verändert. Sei selbst die Veränderung, die du dir erwünscht!

30. Willst du die Welt verändern, so beginne bei dir!

31. Was ihr sofort verändern könnt, sind eure Gedanken über die Welt, eure Bewertungen, euren Fokus. Sie bestimmen euer Glück.

32. Wer unglücklich ist, hat sich in seinen Gedanken vom Glück entfernt. Ihr Menschen leidet darunter, dass ihr wenig Kontrolle über eure Gedanken habt.

33. Was ihr denkt, bestimmt eure Gefühle. Eure Gefühle bestimmen eure Wünsche. Eure Wünsche bestimmen eure Handlungen. Eure Handlungen bestimmen euren Charakter und euer Charakter bestimmt euer Schicksal.

34. Der *„erwachte"* Mensch schafft sich seine Realität bewusst und bildet so in und um sich eine Welt, wie sie seinen Wünschen und Lebenszielen entspricht.

35. Alles was im Universum gedacht wird, schafft Wirklichkeit. Ihr seid die Regisseure eurer Wirklichkeit und damit eures Schicksals.

36. Wer begriffen hat und nicht handelt, der hat nicht begriffen. Wer tief erkennt, dem fällt es leicht sich zu verändern und zu handeln.

37. Wer seine Gedanken unbeobachtet dahineilen lässt, landet mit ihnen in der Regel bei irgendeinem Problem, bei einer Sorge. Dort haken sich die Gedanken fest, hasten und kreisen um das Übel, verstärken es, fesseln euch, saugen euch Energie ab und sorgen für krankmachende Gefühle.

38. Achtsamkeit führt zu Erkenntnis. Erkenntnis bewirkt Veränderung zum Guten. Wandel zum Guten bewirkt dein Glück.

39. Das bewusste Wahrnehmen eures Körpers ist ein Tor zur Präsenz und die geistige Präsenz ist das Tor zu eurer Essenz.

40. Achtet auf euren Atem! Durch die Beobachtung eures Atems verbindet ihr euch mit der Weisheit eures Körpers!

41. Erfüllung im Leben kann nur der erlangen, der seine Berufung lebt.

42. Seine Erfüllung leben, bedeutet vorerst lediglich euch selbst, mit all eurer Kraft, Hingabe, Begeisterung und Leidenschaft in eure Arbeit, in eure Beziehungen und in euer sonstiges Tun einzubringen.

43. Wer Energie einsetzt, bekommt viel Energie geschenkt. Muskeln wachsen nicht durch Schonung.

44. Blick auf das, was du kannst und nicht auf das, was du nicht kannst!

45. Erkenne deine Besonderheiten und Talente! – Was hindert dich sie zu entfalten?

46. Wer Großes erlangen will, muss mit kleinen Schritten beginnen. Niemand erwartet, dass ihr Unmögliches leistet. Doch wer beginnt und nicht locker lässt, wird ungeahnte Erfolge ernten.

47. Jede Zelle leidet, wenn ihr nicht glücklich seid. Ihr schadet sowohl eurer Seele, als auch eurem Körper, wenn ihr nicht das lebt, wofür ihr geboren seid.

48. Das, was jeder wirklich ist, hat seinen Ursprung in der Essenz des Daseins. Ihr seid eine individuelle Erscheinung dieser Essenz. Im Grunde seid ihr Liebe, Schönheit, Freude, Geborgenheit und die Weisheit des Universums.

49. Authentisch leben ist kein Privileg für Reiche oder sonstige Günstlinge des Schicksals.

50. Lebe deine Träume! Wer seine Träume nicht lebt, hegt und fördert seine Begrenzungen!

51. Vergleiche dich nicht mit Aderen – lebe was du bist!

52. Kümmere dich nicht um das Gerede anderer Leute!

53. Aus Bequemlichkeit oder Achtlosigkeit nicht zu handeln ist genauso falsch, wie zu entsprechen, wenn ihr eigentlich *„Nein!"* sagen solltet.

54. Wem die eigenen Prioritäten zu wenig klar sind, der unterwirft sich den Prioritäten anderer.

55. Glücksgefühle sind nicht „machbar"! Ihr könnt euch für freudige Gefühle nur entweder öffnen oder euch dagegen verschließen.

56. Erziehung und „Verziehung" gehören zur Entwicklung jedes Menschen auf der Erde. Da muss jeder durch! Der Erwachsene hat sodann die Chance seinen eigenen Weg zu finden und zu gehen.

57. Vergeudet nicht eure Zeit mit Tätigkeiten, die nicht eurem Wesen und euren Talenten entsprechen!

58. Frage dich bei deinen Entscheidungen nicht nur, was ist jetzt bequem, sondern: „Was macht mich dauerhaft glücklich?"

59. Nur zwei Gründe bewegen den Menschen sich freiwillig zu verändern: Es sind dies Einsicht oder Leid.

60. Verändere das, was du verändern kannst und es wird sich auch das verändern, worauf du scheinbar keinen Einfluss hast.

61. Dulde nicht aus Angst vor Veränderung unliebsame Zustände, die dich letztlich nur unruhig und krank machen!

62. Kehrt immer wieder bei euch selber ein! Geht regelmäßig in die Stille. Verbindet euch mit dem ewigen Urgrund des Seins, mit der wunderbaren Essenz, die ihr tief in euch selbst findet.

63. Träume, Wünsche, Ziele sind für den Menschen der Motor des Lebens. Jeder Wunsch birgt auch die Kräfte in sich, die es ermöglichen den Wunsch zu erfüllen.

64. Je größer das Ziel ist, desto mehr Kraft wird dir geschenkt.

65. Wer nicht bereit ist für Neues, an dem geht das Leben vorbei. Denn Leben bedeutet Veränderung.

66. Fasse Mut aufzubrechen, anstatt im Käfig des herkömmlichen Denkens zu verkommen!

67. Lebe deine Sehnsucht! Lass dich von Nichts und Niemanden davon abhalten deine Träume zu verwirklichen!

68. Mit einer starken Vision öffnen sich alle Tore!

69. Die Motivation folgt der Aktion! Wer etwas tut und dabei merkt, dass sich innerlich und äußerlich was verändert, der ist motiviert mehr zu tun. Wer nichts tut, bleibt motiviert nichts zu tun.

70. Erfolgreich sein heißt jeden Morgen aufstehen und nach Möglichkeit das zu tun, was du wirklich willst.

71. Misserfolge sind auch Erfolge. Durch sie könnt ihr innere Größe, Stabilität, Vertrauen und Durchhaltevermögen gewinnen.

72. Wer andere beschenkt, beschenkt sich selbst mit besonderem Glück.

73. Geh davon aus, dass immer alles gut gehen wird und dein Leben gewinnt ungeahnt an Schönheit und Fülle.

74. Anhaltend glücklich ist der Mensch, der in allen Lebensbereichen ständig wächst, physisch, ökonomisch, sozial, emotional und spirituell.

75. Stillstand bedeutet Tod, Wachstum ist Leben.

76. Unser Leben besteht von früh bis spät aus unzähligen Entschei-
    dungen. Achte darauf, ob sie dir entsprechen!

77. Wer seiner Intuition nicht vertraut, verzichtet auf eine Weisheit,
    die hundert Mal tiefer und umfassender ist, als es der Verstand
    jemals sein kann.

78. Sich Herausforderungen zu stellen, schafft Selbstvertrauen.

79. Tu was deine Aufgabe ist! Lerne unangenehme Arbeiten als
    Chance für Wachstum erkennen! Horche auf dein Herz und
    nicht zu sehr auf deine Bequemlichkeit!

80. Fröhlich sterben können Menschen, die intensiv gelebt haben.
    Deshalb wartet nicht zu lange die Fülle eures Lebens auszuko-
    sten. Dafür könnte es eines Tages zu spät sein.

81. Es gibt für jedes Problem eine Lösung! Es gibt im Universum
    Millionen Lösungen ohne Problem, doch es gibt kein Problem
    ohne Lösung! Darauf könnt ihr vertrauen!

82. Lass dich nicht durch schlechte Nachrichten in den Medien
    hinunterziehen! Achte auf die Chancen und Schönheiten dieser
    Welt!

83. Wir begrüßen in jedem Augenblick das Leben wie es ist und
    verbeugen uns vor seiner Schönheit, Vielfalt, Kreativität und
    Weisheit.

84. Manche rackern sich zu Tode und kämpfen darum sich Dinge
    leisten zu können, die sie nicht brauchen, um damit anderen
    Menschen zu imponieren, die sie nicht mögen.

85. Ihr träumt vom Glück der anderen und lebt nicht das eigene.

86. Glücklich-Sein beginnt mit der Liebe zu sich selbst. Wer sich nicht liebt, dem fällt es schwer andere zu lieben. Wer sich und die Welt nicht liebt, ist verständlicher Weise unglücklich.

87. Euer Gehirn arbeitet wie ein Fehlerscanner. Ihr seid fixiert auf das, was nicht geht, auf Fehler und Schwächen.

88. Liebe bedeutet Schönheit wahrzunehmen.

89. Freundschaften zu leben und zu pflegen tut der Seele wohl. Was wäre euer Leben ohne liebevolle Beziehungen zu den Menschen und zur Natur?

90. Überlege dir gut, wie du über andere urteilst und sprichst! Respektiere die Vielfalt des Lebens und du wirst auch mit dir selbst glücklicher sein.

91. Die beste Vorraussetzung für das Gedeihen einer guten Partnerschaft ist die Aufgabe der Illusion, dein Partner könnte dich glücklich machen.

92. Das Schicksal führt euch mit sicherer Hand zum „idealen" Partner. Das muss nicht euer „Seelenpartner" sein. Es kann durchaus „nur" der optimale Partner für einen bestimmten Lebensabschnitt, für eine bestimmte Entwicklungsphase sein.

93. Am besten harmoniert ihr mit eurem Partner, wenn ihr authentisch lebt. Wer das lebt was er ist, hat auch keine Schwierigkeiten das richtige Maß an Nähe und Abstand zu finden.

94. Glückliche Menschen sind dankbar und dankbare Menschen sind glücklich.

95. Dankbarkeit ist ein Tor zum Glück. Frage dich mindestens einmal am Tag: *„Wofür kann ich heute dankbar sein?"*

96. Achte auf den optimalen Boden für dein Wachstum. Achte darauf, in welcher Umgebung du lebst, wo du arbeitest, mit wem du deine Zeit teilst. Achte auf deine Gesundheit! Umgib dich mit den richtigen Freunden.

97. Lerne von den Meistern – Lies gute Bücher!

98. Wie du in den Tag hineingehst, so verläuft er! Wie du den Tag verlässt, bestimmt deinen Schlaf!

99. Die besten Wegbegleiter sind Leichtigkeit, Lächeln und viel Humor.

Quellenangabe

zu den Zitaten aus dem Buch „Der Kleine Prinz" von Antoine de Saint-Exupéry Übertragung ins Deutsche von Grete und Josef Leitgeb Verlags-AG Die Arche, Zürich - Auflage 1997 Französische Ausgabe erschienen u. d. T. „Le Petit Prince" bei Editions Gallimard Paris

 1 Der Kleine Prinz - Seite 72, Kapitel XXI
 2 Der Kleine Prinz - Seite 78, Kapitel XXV
 3 Der Kleine Prinz - Seite 47, Kapitel XIII
 4 Der Kleine Prinz - Seite 64, Kapitel XX
 5 Der Kleine Prinz - Seite 60, Kapitel XVIII
 6 Der Kleine Prinz - Seite 74, Kapitel XXIII
 7 Der Kleine Prinz - Seite 75, Kapitel XXIV
 8 Der Kleine Prinz - Seite 76, Kapitel XXIV
 9 Der Kleine Prinz - Seite 42, Kapitel XI
10 Der Kleine Prinz - Seite 70, Kapitel XXI
11 Der Kleine Prinz - Seite 28, Kapitel VII
12 Der Kleine Prinz - Seite 79, Kapitel XXV
13 Der Kleine Prinz - Seite 58, Kapitel XVII

Buchempfehlung

Vom Umgang mit der Zeit
99 spirituelle Anregungen
Bernd H. Fritsch

In diesem Hand-Buch findest du 99 Aphorismen für ein „Leben in der Zeit und in der Zeitlosigkeit".

Alle wesentlichen Lebensbereiche des Menschen, wie beispielsweise: Liebe, Freundschaft, Gesundheit, Freude, Umgang mit Konflikten, Beendigung von Schuldgefühlen, Fehler machen dürfen... werden in diesen Aphorismen in prägnanter und gut verständlicher Weise angesprochen. Ein idealer Begleiter um sich zu besinnen, um auf deinem Weg das Wesentliche vom Unwesentlichen zu unterscheiden.

Du findest in diesem Brevier leicht lesbare Anregungen zu einem Leben in Frieden und Vollkommenheit, frei von Zeitdruck, Stress, Ängsten und Sorgen.

Aufgezeigt wird, wie durch die Erkenntnis des Sinns unseres Daseins und durch die richtige Einstellung zu unseren Aufgaben, jeder Augenblick unseres Erdenleben etwas Besonderes sein kann.

Der Autor hat in diesem kleinen Büchlein all seine, im Laufe von rund sieben Jahrzehnten gewonnenen Erkenntnisse, zusammengefasst. Für den, der bereit ist sich auf die Weisheiten in dieser Schrift einzulassen, werden sich neue Dimensionen eröffnen.

Buchempfehlung

WU-WEI
erfolgreich Nichts tun
Bernd Helge Fritsch

Dieses Buch beinhaltet eine Auswahl von Essay-Briefen, wie sie von Bernd Helge Fritsch seit etlichen Jahren in Mail-Form an Freunde und Interessierte versendet werden. Diese Briefe behandeln die wichtigsten Lebensfragen. Zu diesen zähle ich:

- Was ist der Sinn unseres Erdendaseins?
- Wer bin ich?
- Wie lebt man erfüllende Beziehungen?
- Vom Umgang mit Depressionen
- Wie kann ich glücklich sein, unabhängig von äußeren Ereignissen?
- Was geschieht mit mir nach meinem körperlichen Tod?

Diese Essay-Briefe sollen keine „Glaubensinhalte" vermitteln. Der Autor möchte kein „gläubiger Mensch" sein und gehört deshalb auch keiner Religionsgemeinschaft an. Wohl aber ist nach seiner Ansicht „Religion" (die bewusste Verbindung mit dem Höchsten) unsere wichtigste Mission auf dieser Erde.

Buchempfehlung

„Das Kleinod des Shankara"
Bernd Helge Fritsch

Adi Shankara (788 – 820) gilt als bedeutendster indischer spiritueller Philosoph und Reformator des Hinduismus. Sein berühmtes Hauptwerk ist das „Viveka Chudamani" (Kleinod der Unterscheidung). Es gilt als „Kron–Juwel" altindischer Weisheit.

In der vorliegenden Ausgabe findet der Leser eine moderne Übersetzung des „Kleinods" und eine umsichtige Auswahl der ursprünglich 580 Sanskrit–Verse. Auf etliche Wiederholungen und Aussagen die nicht unserem Zeitgeist entsprechen wurde verzichtet.

Bernd Helge Fritsch, selbst ein spiritueller Lehrer, hat zum besseren Verständnis der rund 1100 Jahre alten Schrift des Shankara zu vielen Versen Erläuterungen angefügt.

In diesem Buch werden die zentralen Fragen unseres Lebens behandelt: Worin besteht der Sinn meines Lebens? Wie erklärt sich unser Schicksal? Wie befreien wir uns von Sorgen, Krankheit und Leid? Wie können wir uns mit der ewigen Schönheit, Liebe und Glückseligkeit im Urgrund des Seins verbinden?

Buchempfehlung

„Wunderbare Zweisamkeit"
99 Anregungen zu erfüllter
Partnerschaft
Bernd Helge Fritsch

Ist eine glückliche Paar-Beziehung möglich oder nur eine romantische Illusion? - Oder stimmen die Worte von Oskar Wilde:

„Ehe ist gegenseitige Freiheitsberaubung in beiderseitigem Einvernehmen"?

Die Qualität einer Beziehung entspricht immer dem Grad an seelischer Reife und Bewusstheit der Partner. Das ist der Ansatz dieser Schrift. B. H. Fritsch zeigt auf, wie wir uns selbst verändern können, um eine beglückende Partnerschaft zu verwirklichen.

Schreiben Sie uns!

Schreiben Sie uns!

Schreiben Sie uns!

Schreiben Sie uns, wenn Sie......

- ....Fragen an den Autor Bernd Helge Fritsch richten wollen!

- ....bereit sind, uns Anregungen und Feedback zu geben!

- ....Informationen über Vorträge und Seminare mit Bernd Helge Fritsch haben wollen!

- ....kostenlos unseren monatlichen „Essay-Brief per E-mail bekommen wollen!

- ....B. H. Fritsch zu einer Lesung, einen Vortrag oder ein Seminar einladen wollen!

Wir freuen uns über jede Zuschrift und werden Ihnen gerne antworten.

mail: office@berndhelgefritsch.com

Besuchen Sie unsere Homepage:
www.berndhelgefritsch.com